Schachner

—

Martin Walsers Goetheroman
»Ein liebender Mann«

EPISTEMATA

WÜRZBURGER WISSENSCHAFTLICHE SCHRIFTEN

Reihe Literaturwissenschaft

Band 766 — 2012

Christiane C. Schachner

Martin Walsers Goetheroman
»Ein liebender Mann«

Dichtung und historische Wahrheit

Königshausen & Neumann

Gedruckt mit freundlicher Unterstützung durch
die Stadt Graz, das Land Steiermark und die Universität Graz

Bibliografische Information der Deutschen Nationalbibliothek

Die Deutsche Nationalbibliothek verzeichnet diese Publikation in der Deutschen Nationalbibliografie; detaillierte bibliografische Daten sind im Internet über http://dnb.d-nb.de abrufbar.

Gedruckt auf säurefreiem, alterungsbeständigem Papier
Umschlag: skh-softics / coverart
Umschlagabbildung: Heinrich Christoph Kolbe: *Goethe als Dichter und Künstler vor dem Vesuv*, 1826
Bindung: Zinn – Die Buchbinder GmbH, Kleinlüder

Printed in Germany
ISBN 978-3-8260-4968-2
www.koenigshausen-neumann.de
www.buchhandel.de
www.buchkatalog.de

Mein aufrichtiger Dank gilt:

Prof. Dr. Hans H. Hiebel für die Betreuung
und die Möglichkeit, diese Arbeit zu schreiben.

Prof. Dr. Dr. h.c. Dieter Borchmeyer,
Prof. Dr. Günther A. Höfler und Prof. Dr. Heinz Schlaffer
für ihre wertvolle Unterstützung.

Meiner Familie für ihr Verständnis sowie

Martin Walser für die Inspiration.

Diese Magisterarbeit liest sich wie ein Roman. Nachher, wenn man sich erinnert, wieviel man erfahren hat und in welchem Genauigkeitsgrad, dann wird einem klar, dass man eine wissenschaftliche Arbeit gelesen hat. Und man staunt unwillkürlich, dass soviel Argument so erzählerisch aufgeboten werden kann.

Martin Walser

Inhaltsverzeichnis

1. Einleitung

1.1 Martin Walsers Beziehung zu Goethe

Als Martin Walser 2008 seinen Roman *Ein liebender Mann*[1] vorlegte, war es nicht etwa das erste Mal, dass er sich mit Johann Wolfgang von Goethe befasst hatte. Vielmehr war es der Gipfel einer langjährigen, anfangs eher zaghaften Annäherung an den großen Dichterfürsten. Walsers Verhältnis zum „großbürgerlichen Realisten Goethe"[2] war von Beginn an ambivalent. Während seiner Studienzeit gab es für ihn „nur einen Autor, der ihn jahrelang für alle andere Lektüre verdarb: Franz Kafka"[3], über den er schließlich auch seine Dissertation *Beschreibung einer Form* verfasste. In einer seiner Klassikerreden, die zu Beginn der 80er Jahre des vergangenen Jahrhunderts entstanden waren[4] – *Was ist ein Klassiker?* – betonte Walser, er habe Goethe lange Zeit nur „mit der ausgestreckten Hand"[5] gelesen. In *Goethes Anziehungskraft* hingegen erklärte er, er hätte an Goethe zunächst vor allem die Gedichte geschätzt, die ihm einerseits allgemeingültig erschienen seien und in denen er andererseits vieles von der Persönlichkeit des Dichters zu erkennen meinte. Mit den Jahren entdeckte er schließlich eine weitere Faszination, die seiner Ansicht nach Goethe und seinem Werk anhafte, eine hohe Problemlösungskompetenz. Walser zufolge schuf Goethe Konflikte nur, um sie im Verlauf der Geschichte so gut wie möglich wieder auflösen zu können.[6] Darüber hinaus schreibt er ihm ein hohes Maß an „vorsätzliche[r] Güte" zu und bewundert zudem seine Fähigkeit an „Edelmut, Widerstand gegen Niedertracht, Güte als Leistung, Leidenschaft aus Gewissen" und an die „Geschichte als schöner Verlauf" glauben zu können.[7] Dementsprechend würden seine Werke, so meint Walser, der Gesellschaft als Heilmittel

---

1 Martin Walser: Ein liebender Mann. Roman. Reinbeck: Rowohlt 2008. In der Folge zitiert im fortlaufenden Text mit der Sigle LM und der jeweiligen Seitenzahl in Klammern.

2 Jörg Magenau: Martin Walser. Eine Biographie. Hamburg: Rowohlt 2008. (= rororo. 24772.) S. 384.

3 Ebda, S. 49.

4 Vgl. ebda, S. 384.

5 Martin Walser: Was ist ein Klassiker? In: Ders.: Aus dem Wortschatz unserer Kämpfe. Prosa, Aufsätze, Gedichte. Frankfurt: Suhrkamp 2002, S. 231.

6 Vgl. Martin Walser: Goethes Anziehungskraft. In: Walser, Wortschatz, S. 196ff.

7 Ebda, S. 212.

gegen die Sinnlosigkeit der Welt zur Verfügung stehen, vorausgesetzt, man könne sich von ihnen helfen lassen.[8]

In seinem Essay *Hilfe vom Selbsthelfer. Ein Versuch über Goethe* schreibt Walser von Goethe als einem unentbehrlichen „Accessoire“ der Gesellschaft, welches omnipräsent sei und häufig zur Legitimierung eigener Ansichten diene. Beinahe alles könne mit Goethe gesagt werden und erhalte dadurch eine höhere Gewichtung. Zweifellos bringt dieses Faktum eine nicht zu unterschätzende Problematik mit sich. Als großen Verdienst Goethes betrachtet Walser hingegen die Tatsache, dass er sich und der Gesellschaft des 18./19. Jahrhunderts stellvertretend durch seinen Briefroman *Die Leiden des jungen Werthers* das Recht auf subjektive Empfindung erkämpft hat.[9]

Im Jahr 1984 erschien Walsers Drama *In Goethes Hand*, welches sich dem Schicksal des treuen Dieners Goethes, Johann Peter Eckermann, widmet. Die Goethe-Figur, die Walser für dieses Stück entwirft, ist egoistisch, narzisstisch und berechnend, von seiner Güte ist zumindest gegenüber Eckermann wenig zu spüren. Er überhäuft ihn mit Arbeit und Aufgaben, macht ihn ohne Bezahlung zu seiner rechten Hand, hält ihn hin und rät ihm davon ab, andere, lukrativere Stellen anzunehmen. Darüber hinaus verabsäumt er, anders als zuvor vereinbart, ihn bei der Veröffentlichung seiner eigenen Werke zu unterstützen. So endet der sich aufopfernde, loyale Diener nach dem Tod des Meisters als verarmter und kranker alter Mann, der von Goethes Glanz verblendet seinen ehemaligen Herrn noch immer mehr liebt und achtet als das eigene Leben.[10] Vor allem aufgrund dieser scheinbar kritischen Haltung gegenüber Goethe ist es auffallend, dass dieser wiederholt in Walsers Romanen, wenn auch beiläufig und für die Geschichte belanglos, auftaucht. Anspielungen und Verweise auf ihn respektive auf seine Werke finden sich bereits in Walsers frühen Romanen *Halbzeit* und *Das Einhorn*. Auch in *Brandung*, dem zweiten Teil der Halm-Trilogie, sowie in seinem zum Teil autobiographischen Kindheitsroman *Ein springender Brunnen*, der sich unter anderem der „Genese des Schriftstellers“[11] widmet, fehlen Hinweise auf Goethe nicht. In *Der Lebenslauf der Liebe* lässt Walser den bibliophilen Ehemann der Hauptfigur Susi Gern eine Erstausgabe von Goethes

---

8 Vgl. ebda, S. 213.

9 Vgl. Martin Walser: Hilfe vom Selbsthelfer. Ein Versuch über Goethe. In: Walser, Wortschatz, S. 216f.

10 Vgl. Martin Walser: In Goethes Hand. Szenen aus dem 19. Jahrhundert. Frankfurt: Suhrkamp 1984. (= suhrkamp taschenbuch. 1077.)

11 Vgl. Magenau, Walser, S. 474.

Dichtung und Wahrheit aus dem Jahr 1811 besitzen,[12] im ‚Skandalroman' *Tod eines Kritikers* wird Goethe nicht nur häufig erwähnt, sondern sogar zitiert, und der Stuhl, auf dem Ehrl-König, auch das eine Anspielung, thront, steht auf einem Büchersockel mit Goethes *Faust* an oberster Stelle.[13] Vergleichsweise wenig Einfluss Goethes findet sich in den beiden kurz nacheinander erschienenen Romanen *Der Augenblick der Liebe* und *Angstblüte*, welche dem Roman *Ein liebender Mann* zeitlich und thematisch unmittelbar vorausgehen. In ersterem wird Goethe im Zusammenhang mit einer Traumszene erwähnt[14], im zweiten wird er vergleichend zitiert.[15] Diese häufigen intertextuellen Verweise finden schließlich ihren Höhepunkt mit Walsers Goetheroman *Ein liebender Mann*, der Gegenstand dieser Arbeit ist. Endlich, so scheint es dem Leser, widmet Walser sich ihm ganz, mehr noch, versetzt er sich in seine Situation und schreibt gewissermaßen stellvertretend für ihn eine Geschichte, die Goethe selbst erlebt hat. Die Geschichte der vielzitierten ‚letzten Liebe' des 74-Jährigen zur 21-jährigen Ulrike von Levetzow sollte zum Inhalt von Walsers vielleicht schönstem Roman werden und damit ein bekanntes Thema wiederaufnehmen beziehungsweise weiterführen, eventuell sogar vollenden – jenes des signifikanten Altersunterschieds in einer Liebesbeziehung.

1.2 Zur Thematik im *Liebenden Mann*

Der Kern der Geschichte lässt sich in wenigen Worten wiedergeben und ist soweit nicht ungewöhnlich. Ein älterer Mann verliebt sich in eine junge Frau. Auch für den Autor Martin Walser ist das durchaus kein unbekanntes Terrain, Jörg Magenau meint in seiner Biographie, er habe mit *Augenblick der Liebe*, *Angstblüte* und *Ein liebender Mann* „eine Trilogie des Liebens und Begehrens im Alter"[16] geschaffen. Das ist aufgrund des in allen drei Romanen wiederkehrenden Themas durchaus denkbar, man könnte allerdings noch einen Schritt weiter gehen. Genauer betrachtet ist der Altersunterschied in einer Liebesbeziehung

---

12 Vgl. Martin Walser: Der Lebenslauf der Liebe. Roman. Frankfurt: Suhrkamp 2001, S. 262.

13 Vgl. Martin Walser: Tod eines Kritikers. Roman. Reinbek: Rowohlt 2009. (= rororo. 25226.) S. 38.

14 Vgl. Martin Walser: Der Augenblick der Liebe. Roman. Reinbek: Rowohlt 2006. (= rororo. 24020.) S. 159.

15 Vgl. Martin Walser: Angstblüte. Roman. Reinbek: Rowohlt 2008. (= rororo. 24651.) S. 17.

16 Magenau, Walser, S. 571.

tatsächlich seit vielen Jahrzehnten ein bevorzugtes Walser-Thema. Es beginnt chronologisch betrachtet Ende der 70er Jahre mit der Novelle *Ein fliehendes Pferd* – darin beneidet die Hauptfigur Helmut Halm seinen Jugendfreund Klaus Buch um dessen deutlich jüngere und zudem attraktive Frau Helene.[17] In der dazugehörigen Fortsetzung, dem Roman *Brandung*, würde der nun 55-jährige Halm während eines Lehraufenthalts in Kalifornien seinerseits gern eine Affäre mit einer 22-jährigen Studentin beginnen. Diese bekundet auch tatsächlich Interesse an seiner Person, nur zu seinem Bedauern eher als einem versierten Mentor denn als einem hemmungslosen Liebhaber. Bis zu seiner Rückreise nach Deutschland hofft Halm auf die Erfüllung seiner Phantasien, die endgültig zerstört werden, als er auf einer Abschiedsparty, die Fran ihm zu Ehren organisiert hat, endlich mit ihr tanzt und dabei schwer stürzt. Er selbst zieht sich eine schlimme Gesichtsverletzung zu, während sich Fran den Fuß bricht und in den nächsten Wochen auf Krücken laufen muss. Diese Gehhilfe wird ihr schließlich auch zum Verhängnis, denn als Halm zurück in der Heimat sehnsüchtig auf Post von ihr wartet, erreicht ihn die Nachricht ihres Todes. Frans Auto wurde von einem Erdrutsch erfasst und über eine Klippe geschleudert. Ihr von Halm gehasster, muskulöser Freund konnte sich rechtzeitig aus dem Wagen befreien, Fran jedoch versperrten die klobigen Krücken den rettenden Weg zur Tür. Walsers Roman endet mit dem ersten Satz, Halm beichtet seiner Frau rückblickend die Geschehnisse in Amerika.[18] In diesem Fall ergibt sich durch den Altersunterschied, die Personenkonstellation und die Verlagerung der Geschichte in die USA ein auffallendes Naheverhältnis zu Walsers *Augenblick der Liebe*, doch dazu später mehr. Zeitlich gesehen ist der nächste Roman, der sich ebenfalls mit dieser Thematik befasst, *Ohne einander*. Darin verführt der Liebhaber der Mutter, Ernest Müller-Ernst, deren trotzige, etwas orientierungslos wirkende Tochter Sylvi. Diese ist ihm, obwohl sein Äußeres sie eher abzuschrecken als zu erregen scheint und wohl eher um ihre Mutter zu provozieren als aus ehrlichem Interesse, tatsächlich zu Willen, worauf auch prompt die Strafe folgt. Um ihr zu beweisen, dass er, der 65-Jährige, durchaus mit ihrem jugendlichen Elan mithalten kann, lässt er sich zu einem Surf-Ausflug überreden und ertrinkt dabei.[19]

---

17 Vgl. Martin Walser: Ein fliehendes Pferd. Novelle. Frankfurt: Suhrkamp 1980. (= suhrkamp taschenbuch. 600.)

18 Vgl. Martin Walser: Brandung. Roman. Frankfurt: Suhrkamp 1985.

19 Vgl. Martin Walser: Ohne einander. Frankfurt: Suhrkamp 2007. (= suhrkamp taschenbuch. 3907.)

Zuversichtlicher endet hingegen *Der Lebenslauf der Liebe* in dem das Thema in variierter Form mit vertauschten Rollen ebenfalls behandelt wird. Hier ist es die Protagonistin Susi Gern, die nach persönlichen sowie finanziellen Desastern und dem Tod des lebenslang treulosen Gatten mit Ende sechzig einen zweiten Frühling erlebt. Das Objekt der Begierde ist, es könnte klischeehafter kaum sein, der mittellose marokkanische Student Khalil. Doch auch wenn der Leser darauf wartet, Zeuge vom Scheitern dieser fragwürdigen Beziehung und damit von Susis Enttäuschung zu werden, Walser gönnt seiner Heldin, was er ihren männlichen Kollegen verwehrt. Die Geschichte endet mit einem Happy-End.[20] Es bleibt das einzige Mal, dass Walser die Rollen vertauscht, denn auf den *Lebenslauf der Liebe* folgen *Der Augenblick der Liebe*, *Angstblüte* und *Ein liebender Mann*, in denen jeweils wieder Männer den Part des Älteren besetzen. Die Hauptfigur des *Augenblicks der Liebe* ist der Anti-Held Gottlieb Zürn, bekannt aus Walsers Romanen *Das Schwanenhaus* und *Jagd*. Zürn verliebt sich vor den Augen seiner Frau in eine junge, amerikanische Doktorandin, reist dieser in die Vereinigten Staaten hinterher, um sich dort, kaum angekommen, sofort wieder nach seiner Anna und dem trauten Heim zu sehnen. Also verlässt er die Geliebte und kehrt zurück in die Arme der verständnisvollen Ehefrau, doch auch sie kann ihm nun nicht mehr ganz genügen. Noch während er den Entschluss fasst, erneut in die USA aufzubrechen, erreicht ihn die Nachricht von der Vermählung Beates, die ihm damit die Entscheidung abnimmt und die Affäre endgültig beendet.[21] Magenau schreibt, der *Augenblick der Liebe* sei „vor allem eine Liebeserklärung an die Ehefrau, die allen Widrigkeiten trotzt wie der Fels in der Brandung“[22], und das ist sicher richtig. Walser zeigt mit diesem Roman aber auch, dass das Gefühl innerer Zerrissenheit, das Gefühl des Nicht-Wissens wohin oder zu wem man gehört, keine Schwäche der Jugend ist, sondern durchaus auch im Alter noch auftreten kann.

In *Angstblüte* wird die Figur der jungen Partnerin umgeschrieben. Die Schauspielerin Joni, jung, blond, mit ansehnlichen Brüsten, verzaubert den verheirateten Anlageberater Karl von Kahn und beginnt eine leidenschaftliche Affäre mit ihm. Was dieser nicht sehen will, ist, dass Joni weniger an ihm, dem über 70-jährigen Mann, als vielmehr an seiner Zwei-Millionen-Investition zu ihrem neuen Film interessiert

---

20 Vgl. Walser, Lebenslauf.

21 Vgl. Walser, Augenblick.

22 Magenau, Walser, S. 562.

ist.[23] So wird er, das abgebrühte Finanzgenie, „nicht nur finanziell, sondern auch emotional hinters Licht geführt“[24]. Auch in dieser Geschichte steht am Ende der dringliche Wunsch, sich der Ehefrau, in Form eines Briefes, mitzuteilen und wenn möglich in den sicheren Hafen der Ehe zurückzukehren.[25] Zumindest das Problem der Ehefrau gibt es im *Liebenden Mann* nicht, denn Goethe war, als er sich in die über fünfzig Jahre jüngere Ulrike von Levetzow verliebte, bereits seit sieben Jahren Witwer. Auch die gesellschaftlichen Normen waren letztlich nicht der Grund für das Scheitern oder besser das Nichtzustandekommen dieser Beziehung, denn nach dem Status, den Goethe bereits zu Lebzeiten inne hatte zu schließen, hätte man ihm auch diesen Fauxpas früher oder später verziehen. Das Problem war vielmehr der unterschiedliche Grad der Zuneigung der beiden ‚Verliebten‘, zumindest was die historischen Tatsachen betrifft. Und an dieser Stelle beginnt das eigentliche Dilemma: Spricht man nun über Goethes reales Leben oder über Martin Walsers Roman? Wo im Roman verschwimmen die Grenzen zwischen historischer Realität und der Fiktion, die Walser konstruiert? Weshalb verlagert er dieses Thema, das ihn seit Jahren begleitet, in das 19. Jahrhundert des Johann Wolfgang von Goethe? Welche Intention steht dahinter und was bezweckt er damit? Wie feinfühlig und genau geht er mit historischen Figuren und Artefakten um? Wie legt er die Protagonisten Goethe und Ulrike an? Diese und weitere Fragen sollen im Verlauf der vorliegenden Arbeit beleuchtet und nach Möglichkeit beantwortet werden.

Was die Thematik betrifft, sei abschließend erwähnt, dass diese nicht nur bei Walser eine relevante und häufig verwendete ist. Seit Ende des 19. und vermehrt schließlich ab dem 20. Jahrhundert wurde der Altersunterschied in Liebesbeziehungen immer wieder zum Thema literarischer Werke, wie Theodor Fontanes Erzählung *L'Adultera* oder Arthur Schnitzlers *Frau Beate und ihr So*hn exemplarisch beweisen. Auch Thomas Mann widmete sich diesem Motiv in seiner Novelle *Der Tod in Venedig*, welche ursprünglich die Marienbader Ereignisse zum Inhalt haben sollte.[26] Berühmtheit erlangte daneben

---

23 Vgl. Walser, Angstblüte.

24 Peter Mohr: Simuliertes Leben auf Kredit. Zu Martin Walsers Roman „Angstblüte“. In: literaturkritik.de. Rezensionsforum für Literatur und Kulturwissenschaften. 8 (2006), H. 8, S. 72-74.

25 Vgl. Walser, Angstblüte.

26 Vgl. Thomas Mann: Briefe. 1889-1936. Hrsg. von Erika Mann. Frankfurt: Fischer 1965, S. 177.

außerdem Vladimir Nabokovs Roman *Lolita*, nicht zuletzt wegen dessen skandalträchtiger Verfilmung in den 60er-Jahren des vorigen Jahrhunderts. In den 1990ern erschienen Gerd Hofmanns *Die kleine Stechardin* sowie Bernhard Schlinks Roman *Der Vorleser*, welcher 2008 mit Hollywoodstar Kate Winslet in der Hauptrolle verfilmt wurde. Ebenfalls filmisch umgesetzt wurde die Romanvorlage *Der Campus* von Dieter Schwanitz, mit Heiner Lauterbach in der Rolle des in die Jahre gekommenen Verführers. Im Jahr 2000 erschien J. M. Coetzees Roman *Schande*, für den er mit dem britischen Booker Prize ausgezeichnet wurde und nur drei Jahre darauf Philip Roth' umstrittenes Werk *Ein sterbendes Tier*. In der kürzeren Vergangenheit wäre schließlich noch Siegfried Lenz' Novelle *Schweigeminute* zu erwähnen, welche wie Walsers Roman ebenfalls 2008 erschien.

Die Liebe im Spannungsfeld eines großen Altersunterschiedes scheint demnach ein elementares Thema quer durch die Epochen der Literaturgeschichte zu sein. Auch Goethe befasste sich damit, und das lange Zeit, bevor es in persönlich betraf. In seinem Roman *Die Wahlverwandtschaften* verfällt der in zweiter Ehe verheiratete Baron Eduard der Nichte seiner Frau. Seine Angetraute hingegen verliebt sich ihrerseits in den besten Freund des Gatten, beide widerstehen jedoch der Versuchung und zeugen, in Gedanken mit dem jeweils anderen, ein Kind. Das Kind sieht nun der Nichte Ottilie sowie dem Freund Eduards ähnlich, wodurch der ‚geistige' Ehebruch augenscheinlich wird. Gerade als Ottilie und Eduard nach längerem Hin und Her endlich zueinander finden könnten, ertrinkt das Kind bei einem Unfall. Ottilie fühlt sich dafür verantwortlich, verweigert aus Schuldbewusstsein das Essen und stirbt an Schwäche, Eduard nur wenig später an seiner Trauer darüber.[27] Und dann gibt es da noch die Novelle *Der Mann von funfzig Jahren*, die Teil seines umfangreichen Romans *Wilhelm Meisters Wanderjahre* ist. Die Geschichte des Wilhelm Meister beschäftigte Goethe insgesamt mehrere Jahrzehnte lang, erste Aufzeichnungen über die betreffende Novelle gibt es bereits in seinen Tagebüchern von 1807 während seines Aufenthalts in Karlsbad. Im Jahr 1808 las er einen Teil davon bei Hofe in Weimar vor und 1818 wurde die Erzählung erstmals in Cottas *Damenkalender* abgedruckt.[28]

---

[27] Vgl. Johann Wolfgang Goethe: Die Wahlverwandtschaften. Ein Roman. Mit einem Nachwort von Reinhard Baumgart. Zürich: Diogenes 1996. (= detebe-Klassiker. 22870.)

[28] Vgl. Adolf Muschg: Nachwort. In: Johann Wolfgang Goethe: Der Mann von funfzig Jahren. Frankfurt, Leipzig: Insel 2007. (= insel taschenbuch. 3200.) S. 95f.

Die erste Fassung der *Wanderjahre* erschien 1821 und war, ebenso wie die endgültige Version im Jahr 1829, wenig erfolgreich.[29]

Der Mann von funfzig Jahren ist die Geschichte einer Gefühlsverwirrung zwischen den Generationen. Ein Major und seine Schwester beschließen aus Erbgründen, ihre beiden Kinder miteinander zu vermählen. Auf dem Gutshof der Schwester angekommen erfährt der Major jedoch, dass das Herz seiner schönen Nichte nicht dem Sohn Flavio, sondern ihm selbst gehört. Geschmeichelt betrachtet er Hilarie nun mit anderen Augen und seine väterliche Zuneigung wandelt sich in jugendliche Verliebtheit. Mit der Unterstützung eines Schauspielerfreundes beginnt er eine aufwendige Verjüngungskur, die rasch Wirkung zeigt. Als er seinem Sohn die Wahrheit gestehen will, dass nämlich nun er Hilarie heiraten wird, beichtet dieser ihm seine Liebe zu einer jungen Witwe, welche, so meint er zu wissen, seine Gefühle angeblich erwidert. Der Major lernt die schöne und intelligente Frau kennen und ist mit der Wahl seines Sohnes überaus zufrieden. Die Witwe scheint unterdessen vom stattlichen und weltgewandten Major deutlich stärker beeindruckt zu sein, als von seinem stürmischen Sohn. Nachdem sie dem immer zudringlicher werdenden Flavio eine Abfuhr erteilt, flüchtet dieser in tiefster Verzweiflung auf das Gut seiner Tante. Hilarie ist bewegt vom Leid des jungen Mannes und antwortet auf seine poetischen Ergüsse mit einfühlsamen Versen, wodurch sich die beiden näher kommen. Am Ende löst sich das Gefühlschaos praktisch von selbst – Hilarie verliebt sich in Flavio und der von vornherein geplanten Verbindung der beiden steht nichts mehr im Wege. Durch die Vermittlung seiner Schwester und Makariens, einer weiteren interessanten Frauenfigur aus dem Roman *Wilhelm Meisters Wanderjahre*, entdeckt der Major in der schönen Witwe einen noch schöneren Charakter und verliebt sich in sie. Obwohl in der Novelle nicht mehr explizit thematisiert, kann der Leser doch annehmen, dass es auch für dieses Paar eine gemeinsame Zukunft geben wird. So finden am Ende doch noch diejenigen zueinander, die auch moralisch-ethisch zusammen gehören.[30] Walser erwähnt diese Novelle geschickt in seinem Roman, wodurch er einen intertextuellen Bezug herstellt, doch dieses Thema wird gesondert im letzten Kapitel der Arbeit besprochen.

---

29 Vgl. ebda. S. 89.

30 Vgl. Johann Wolfgang Goethe: Der Mann von funfzig Jahren. Mit einem Nachwort von Adolf Muschg. Frankfurt, Leipzig: Insel 2007. (= insel taschenbuch. 3200.)

2. Rezeptionsästhetische Aspekte, (Literatur-)Kritik und Autorintention

2.1 Wolfgang Isers Theorie zum Lesevorgang

Die Rezeptionsästhetik beziehungsweise Rezeptionstheorie ist ein Ansatz der Literaturtheorie, der sich in den 60er Jahren des vergangenen Jahrhunderts entwickelte.[31] Im Zentrum der Betrachtungen befinden sich der Leser sowie dessen Bedeutung für den literarischen Text. Dieser Text ist nicht erschöpfend und komplett, sondern setzt sich aus Bedeutungsvorgängen zusammen, welche vom Leser verwirklicht werden müssen. Wolfgang Iser gilt neben Hans Robert Jauß als Hauptvertreter dieser Richtung.[32] Er hält in seinem Aufsatz *Der Lesevorgang* unter Bezugnahme auf Roman Ingarden ausdrücklich fest, dass das eigentliche Hervorbringen eines Textes als Akt der Konkretisation gesehen werden muss. Ihm zufolge besteht ein literarisches Werk aus einem künstlerischen und einem ästhetischen Pol. Der künstlerische bezieht sich auf den Text des Autors, der ästhetische auf die Konkretisation durch den Leser, welche durchdrungen von dessen Dispositionen ist. Das literarische Werk, so meint er, sei weder mit dem einen, noch mit dem anderen Pol völlig identisch und existiere nur da, wo Text und Leser zu einer Übereinstimmung gelangen. Das heißt, der literarische Text entsteht zur Gänze erst durch die Gestaltung eines ihn rezipierenden Individuums.[33] Dementsprechend gesteht Iser dem Leser eine überaus bedeutsame Rolle im Verhältnis zwischen Autor, Text und Rezipient zu. Darüber hinaus ergeben sich für ihn auch individuelle Möglichkeiten der Interpretation, wobei er jedoch betont, dass der Text, trotz der dem Leser zugestandenen Freiheit, stets kohärent bleiben müsse.[34]

Ein bedeutender Punkt ist für Iser die Ausgewogenheit zwischen Erzählen und Verschweigen innerhalb eines Textes. Alles, was nicht

---

31 Vgl. Tilmann Köppe: Rezeptionsästhetik. In: Metzler Lexikon Literatur. Begriffe und Definitionen. Begründet von Günther und Irmgard Schweikle. 3., völlig neu bearb. Aufl. Hrsg. von Dieter Burdorf, Christoph Fasbender und Burkhard Moennighoff. Stuttgart, Weimar: Metzler 2007, S. 650.

32 Vgl. Terry Eagleton: Einführung in die Literaturtheorie. Aus dem Englischen übersetzt von Elfi Bettinger und Elke Hentschel. 4., erw. und aktual. Aufl. Stuttgart, Weimar: Metzler 1997. (= Sammlung Metzler. 246.) S. 40ff.

33 Vgl. Wolfgang Iser: Der Lesevorgang. Eine phänomenologische Perspektive. In: Rezeptionsästhetik. Theorie und Praxis. Hrsg. von Rainer Warning. München: Fink 1975. (= UTB. 303.) S. 253.

34 Vgl. Eagleton, Literaturtheorie, S. 48.

direkt angesprochen wird, bezeichnet er als Leerstellen, und diese Lücken sind es schließlich auch, die den Leser zu fesseln vermögen, indem sie seine eigene Produktivität fordern. Gelingt es dem Text, den Leser zu ermutigen seine individuellen Fähigkeiten in den Leseprozess einzubringen, dann wird die Lektüre für ihn zum Vergnügen, und so sehr das Verschwiegene einerseits seine Kreativität anregt, so sehr ist sie andererseits durch das Gesagte kontrollierbar.[35] Der Text darf also nicht nur, sondern sollte vielmehr Leerstellen aufweisen, um dem Leser genügend Raum für seine Imagination zur Verfügung zu stellen. Die Sätze innerhalb eines Textes verweisen laut Iser immer schon auf etwas Kommendes und wecken damit konkrete Erwartungen im Leser. Geht es nun beispielsweise darum, ein Objekt zu beschreiben, so wird der Text die Erwartungen des Rezipienten weitgehend erfüllen, um ihm ein relativ konkretes Bild zu vermitteln. Ebenso kann es aber auch vorkommen, dass sich diese Erwartungen nicht erfüllen, in der Erinnerung des Rezipienten modifiziert und an die neue Situation angepasst werden müssen. Dadurch entsteht eine Spannung, die für den Leser eine Herausforderung darstellt. Das Lesen ist somit als eine sich stetig abwechselnde Abfolge von sich erfüllenden Erwartungen und geforderten Lernleistungen zu sehen.[36] Im *Liebenden Mann* gibt es eine Schlüsselszene, die in Kapitel 7.3 noch ausführlich besprochen wird, in der genau das passiert, was Iser anspricht. Die Protagonisten verlassen gemeinsam einen Ball, um allein zu sein. Sie gehen einen ansteigenden Weg hinauf, der dürftig beleuchtet ist, und stehen sich schließlich im Halbdunkel der Nacht gegenüber. Die Szene knistert vor romantischer Spannung, der Leser wartet gebannt auf einen Kuss oder zumindest auf eine zärtliche Berührung. Nichts dergleichen geschieht, die beiden kehren um und Goethe stürzt auf dem Rückweg böse. Er schlägt sich das Gesicht auf und muss von einem Arzt versorgt werden, während Ulrike geschockt und hilflos daneben steht. Die Romantik ist zerstört und doch bekommt Goethe am Ende seinen Kuss. (Vgl. LM, 105ff) Die Erwartungen werden zuerst systematisch aufgebaut, später enttäuscht, variiert und schließlich in einer neuen, anderen Form erfüllt. Der Leser durchlebt mit den Figuren Höhen und Tiefen, Spannung und Glück und in den Überraschungsmomenten liegt der eigentliche Reiz der Lektüre.

---

35 Vgl. Iser, Lesevorgang, S. 254f.

36 Vgl. ebda, S. 256ff.

Das Besondere an literarischen Texten sieht Iser außerdem darin, dass sie die in sie gesetzten Erwartungen niemals zur Gänze erfüllen können, da kein Geschehen vollständig erzählt werden kann. Daneben gibt es, aufgrund der individuellen Interpretation der Leerstellen durch den Leser, immer mehrere Realisationsmöglichkeiten.[37] Selbstverständlich nimmt der persönliche Erfahrungshorizont des Lesers Einfluss auf die Lektüre und variiert damit auch die Erwartungen der jeweiligen Rezipienten. Der Erfahrungshorizont und die Erwartungen des Lesers sind gleichermaßen wichtig, da nur durch sie eine Illusion entsteht und allein durch diese eine Konsistenzbildung stattfinden kann. Die Konsistenzbildung ermöglicht nun dem Leser, die Welt des Textes erfahren und daran teilhaben zu können.[38] Was Walsers Roman betrifft, so ergibt sich gerade in diesem Punkt eine gewisse Problematik. Rezipienten, die bereits vor der Lektüre viel über Goethe und sein Leben wissen, werden diesen Roman zwangsläufig anders lesen als jene, die sich bisher kaum mit ihm befasst haben. Goethe-Kennern ist sein Liebes-Intermezzo mit Ulrike von Levetzow bekannt, sie wissen, wie es ungefähr ausgehen wird, und doch gehören gerade sie zum erklärten Zielpublikum. Die Herausforderung an den Autor bestand also primär darin, vor allem diejenigen zu fesseln, die den Fortgang der Geschichte – durch ihren Wissenshorizont – von vornherein in die Lektüre miteinbringen. Der unbedarfte Leser hingegen ist weitaus einfacher zu unterhalten und zu befriedigen, weshalb bereits Goethe bemerkte: „Welchen Leser ich wünsche? den unbefangensten, der mich, Sich und die Welt vergißt und in dem Buche nur lebt."[39]

Prinzipiell weckt laut Iser jeder Text im Leser gewisse Erwartungen, die sich dann im Verlauf der Geschichte erfüllen, verändern oder zu Enttäuschungen führen können. Der Leser reagiert lediglich auf das, was er selbst generiert hat und kann dadurch den Text als etwas Reales erleben.[40] Auch Widersprüchlichkeiten im Text sind erwünscht und sogar notwendig, denn erst durch sie erfolgt die Verstrickung des Lesers in das Geschehen der Geschichte, das dadurch für ihn gegenwärtig wird. Das Selbst des Individuums, seine Ansichten und Einstellungen müssen während des Lesens vorübergehend vergessen

---

37 Vgl. Iser, Lesevorgang, S. 258f.

38 Vgl. ebda, S. 264f.

39 Goethe. Gedichte. Hrsg. von Erich Trunz. 16. Aufl. München: Beck 2007, S. 227.

40 Vgl. Iser, Lesevorgang, S. 266f.

werden, um neue Erfahrungen machen zu können.[41] Durch das Lesen ergibt sich für Iser eine Beteiligung des Rezipienten, welche ihn in den Text hineinzieht, sodass die Distanz zwischen ihm und der Geschichte aufgehoben wird. Das Lesen ermöglicht eine Form der Fremderfahrung, da sich Texte aus den Gedanken eines anderen zusammensetzen, während der Lektüre aber zu jenen des Lesers werden. Der Leser stellt damit sein Bewusstsein dem Autor zur Verfügung, wodurch sich eine Art Kommunikation ergibt. Diese kann jedoch nur gelingen, wenn die Lebensgeschichten von Autor und Rezipient weder im Schreiben noch im Lesen miteinfließen.[42] Für den Leser kommt es kurzfristig zu einer Spaltung der eigenen Person, da er die Gedanken eines anderen aufgreift, seine persönlichen Ansichten zeitweilig zurückstellt und sich mit etwas befasst, das vor der Lektüre wenig bis keine Relevanz für ihn hatte. Dennoch bleiben seine Ansichten und Positionen zumindest latent vorhanden und ermöglichen ihm überhaupt erst das Denken ihm fremder Gedanken. Etwas, das der Leser selbst noch nicht erfahren hat, kann von ihm erst aufgenommen werden, nachdem es in ihm formuliert wurde.[43]

Literatur ermöglicht demnach dem Leser, „durch Formulierung von Unformuliertem sich selbst zu formulieren“[44]. Allein dadurch ist es dem Rezipienten möglich, mit den Figuren einer Geschichte zu lachen und zu leiden. Aus diesem Grund kann er mit Doktor Faust den Verjüngungstrank in der Hexenküche trinken, mit Kapitän Ahab auf Walfischfang gehen und mit Gregor Samsa zusammen als Käfer erwachen, obwohl er selbst nichts davon jemals erlebt hat. Die Schwierigkeit für die meisten Leser des *Liebenden Mannes* ergibt sich vermutlich durch das fortgeschrittene Alter des Protagonisten. Alt-werden und alt sein ist kaum nachvollziehbar, der junge Leser muss daher für den Zeitraum des Lesens aus sich und seiner Jugend heraustreten, um sich in die Figur des alten Goethe einfühlen zu können. Er muss versuchen sich vorzustellen, wie schwer es ihm Gliederschmerzen machen, seinen aufrechten, stolzen Gang zu bewahren und wie konzentriert er sein muss, um seine Haltung den ganzen Tag, unter den beobachtenden Blicken der Gesellschaft, kontrollieren zu können. Der Leser muss imaginieren, wie es sich für den 74-Jährigen anfühlt zu lieben und es nicht zeigen zu dürfen bezie-

41 Vgl. Iser, Lesevorgang, S. 269ff.
42 Vgl. ebda, S. 271ff.
43 Vgl. ebda, 273f.
44 Ebda, S. 275.

hungsweise dafür belächelt und, schlimmer noch, gescholten zu werden. Er wird sich zwangsläufig fragen, wie sich die Liebe im Alter anfühlt und wie erst die Leidenschaft? Liebt der Mensch im Alter ‚anders' oder sollte Erich Fried mit seinem Gedicht *Es ist was es ist sagt die Liebe*[45] doch Recht behalten? All diese Herausforderungen warten auf den Leser des *Liebenden Mannes* und es werden mit zunehmender Lektüre kontinuierlich mehr.

2.2 Intertextualität oder historischer Roman?

Betrachtet man Walsers *Liebenden Mann* zunächst der Form nach, so stellt sich unter anderem die Frage, ob es sich dabei um einen Text mit intertextuellen Bezügen oder aber um einen historischen Roman handelt. Die Antwort darauf ist weniger simpel als sie vielleicht auf den ersten Blick scheinen mag. Unter dem Begriff des ‚historischen Romans' versteht man die Thematisierung einer fiktiven Handlung, die in den Kontext eines aus der Geschichte bekannten Geschehens eingebettet wird. Dabei kommt es zu einer Vermischung realer und fiktiver Tatsachen, die, vorausgesetzt es gelingt, kaum noch voneinander zu unterscheiden sind. Der Autor kann dabei historische Quellen verdeckt oder auch deutlich erkennbar einfließen lassen. Die Herausforderung für ihn besteht darin, mit der von ihm kreierten Fiktion innerhalb eines gewissen Rahmens zu bleiben, um die beabsichtigte Authentizität nicht zu gefährden. Jeder Leser verfügt über ein gewisses Maß an historischen Kenntnissen, die je nach Bildungsgrad oder Interesse variieren können. Werden nun historische Fakten maßgeblich verändert, so dass sie sich mit dem Wissen des Rezipienten überschneiden, wird die Geschichte zwangsläufig verfremdet. Dies führt schließlich zur Zerstörung der Illusion, was in manchen Fällen durchaus beabsichtigt sein kann. Der Anspruch, den der historische Roman an sich selbst stellt, ist in erster Linie, Geschichte lebendiger zu erzählen, als dies beispielsweise in der Historiographie geschieht.[46]
Dementsprechend ist *Ein liebender Mann* als historischer Roman zu bezeichnen. Er erzählt die Erlebnisse des 73- beziehungsweise 74-jährigen Johann Wolfgang von Goethe im Zeitraum von Juni bis Dezember 1823. Den Sommer dieses Jahres verbrachte er, wie viele

---

45 Erich Fried: Es ist was es ist: Liebesgedichte, Angstgedichte, Zorngedichte. Berlin: Wagenbach 1983, S. 43.

46 Vgl. Daniel Fulda: Historischer Roman. In: Metzler Lexikon Literatur, S. 318-319.

andere zuvor, in Marienbad. Was als harmloser Kuraufenthalt gedacht war, entwickelte sich rasch zu einem ausgewachsenen Skandal, der sich wie ein Lauffeuer innerhalb der damaligen Gesellschaft verbreiteten sollte. Von Marienbad über Weimar bis nach Berlin waren Goethe und die um über 50 Jahre jüngere Ulrike von Levetzow, in die er sich hoffnungslos verliebt hatte, plötzlich das alles beherrschende Gesprächsthema. Obwohl die Aufzeichnungen darüber verhältnismäßig rar sind, bietet dieses Kapitel in Goethes Leben bis heute Anlass zu wilden Spekulationen. Von ihm selbst sind karge Tagebucheinträge erhalten sowie sein vielleicht schönstes Gedicht, die Marienbader *Elegie*, von Ulrike gibt es dazu nur eine einzige Stellungnahme, welche sie erst in fortgeschrittenem Alter verfasste. Dieses Gerüstes aus Fakten nahm sich Walser an und verfasste dazu eine Geschichte. Was er zweifelsfrei berücksichtigen musste, war die Tatsache, dass viele Menschen, mehr oder weniger bewusst, relativ viel über Goethe wissen, denn wie er selbst einmal bemerkte, „über Goethe wenig zu erfahren, ist unmöglich“[47]. Aus diesem Grund sind die Eckpunkte des Romans sehr genau recherchiert, Walsers Fiktion fügt sich nahezu nahtlos in die historischen Daten und Fakten ein. Aber das ist nicht alles, er geht noch einen bedeutenden Schritt weiter. Neben den historischen Tatsachen bringt Walser zusätzlich noch eine Bandbreite an intertextuellen Verweisen in den Roman ein, mit denen er den Leser noch tiefer in Goethes Welt hineinzuziehen versucht, was ihm an vielen Stellen gelingt.

Unter Intertextualität versteht man alle Beziehungen und Verweise innerhalb eines literarischen Textes zu sämtlichen anderen angesprochenen Texten.[48] Das bedeutet, wenn Walser seinen Protagonisten Goethe Passagen aus der Novelle *Ein Mann von funfzig Jahren* paraphrasieren oder wörtlich aus dem Roman *Wilhelm Meisters Lehrjahre* zitieren lässt, so sind dies zweifellos intertextuelle Bezüge. (Vgl. LM, 24) Auch Teile aus originalen Briefen Goethes (Vgl. LM, 49) sowie aus seinen Gedichten, die Walser sorgsam in den Roman einarbeitet (Vgl. LM, 35), sind als Intertextualität zu bezeichnen. Die *Elegie* beispielsweise findet sich in ihrer vollen Länge im *Liebenden Mann.* (LM, 198ff) Der Grund, weshalb Walser in seinem Goetheroman originale Zitate verwendet, ist einerseits die Herstellung und Aufrechterhaltung von Authentizität innerhalb des Romans, andererseits könnten diese intertextuellen Anspielungen zusätzlich auch der Legi-

---

47 Walser, Anziehungskraft, S. 606.

48 Vgl. Matias Martinez: Intertextualität. In: Metzler Lexikon Literatur, S. 357-358.

timation dienen. Um diesen möglichen Aspekt ausreichend darlegen zu können ist es notwendig, zuvor das Verhältnis Walsers zur Kritik und vice versa zu betrachten. Die Beantwortung der Frage, ob *Ein liebender Mann* als historischer Roman bezeichnet werden kann, muss damit auf das Ende dieses Kapitels verschoben werden.

2.3 Der ‚späte' Walser und die Kritik

Martin Walser wurde zu jeder Zeit stärker und intensiver als die meisten anderen deutschsprachigen Autoren von den Medien beobachtet. Seine Romane wie sein Verhalten werden regelmäßig in den Feuilletons kommentiert und bewertet, was keineswegs nur Vorteile für den Autor mit sich bringt. Völlig unschuldig ist Walser daran freilich nicht. Häufiger als andere gibt er Interviews, tritt in diversen Fernsehformaten auf, begibt sich auf Lesereisen quer durch den deutschsprachigen Raum und rührt kräftig die Werbetrommel für seine Neuerscheinungen. Er beherrscht das Spiel mit den Medien, nutzt sie für seine Zwecke und erlangt durch sie eine fast ungebrochene Präsenz. Walser kennt aber auch ihre Schattenseiten. Seine Rede über den Umgang der Medien und der Gesellschaft mit der Vergangenheit des Nationalsozialismus, welche er 1998 anlässlich der Verleihung des Friedenspreises des Deutschen Buchhandels in der Paulskirche in Frankfurt hielt, führte zu einem mittleren Eklat. Der anwesende Ignatz Bubis, seines Zeichens Vorsitzender des Zentralrats der Juden, kritisierte ihn vehement und warf ihm vor, als „geistiger Brandstifter"[49] zu fungieren. Die intellektuelle Riege Deutschlands formierte sich in eine Pro- und eine Anti-Walser-Fraktion rund um den Autor. Im Rahmen eines Gespräches der beiden Kontrahenten in der Redaktion der *FAZ* kam es wohl zu einer Annäherung, nicht aber zur Aussöhnung. Zu tief war Walser vom Vorwurf des Antisemitismus getroffen, er blieb, ähnlich wie Bubis, unversöhnlich.[50] Spätestens ab diesem Zeitpunkt wurde Walsers Schaffen von der Kritik mit Argusaugen beobachtet. Der Roman *Tod eines Kritikers* löste im Jahr 2002, noch vor seinem offiziellen Erscheinen, nicht nur innerhalb der Literaturszene, einen Skandal ungeahnter Größe aus. Frank Schirrmacher, Herausgeber der *Frankfurter Allgemeinen Zeitung*, in der ein Vorabdruck des Romans erscheinen sollte, beschuldigte Walser nun endgültig des

49 Magenau, Walser, S. 490.
50 Vgl. ebda, S. 495ff.

Antisemitismus, weil dieser in besagtem Roman den Kritiker André Ehrl-König, vermeintliches Alter Ego Marcel Reich-Ranickis, zum potenziellen Tötungsobjekt werden ließ. Hans Lach, der Protagonist der Mediensatire, hätte einen Juden getötet, warf Schirrmacher dem verblüfften Walser vor – dass der Roman mit keinem Wort darauf hinweist, dass es sich bei der Figur des Ehrl-Königs um einen Juden handelt und dieser zudem auch nicht ermordet wird, sondern am Ende des Romans gesund und vergnügt nach einem geheimen Techtelmechtel mit einer jüngeren Geliebten wieder auftaucht, wurde dabei medienwirksam unter den Tisch gekehrt.[51]

Die Öffentlichkeit stürzte sich geradezu auf den Autor, der Vorwurf des Antisemitismus brandete neu auf und verfestigte sich in den Köpfen derer, die Walser bereits 1998 in diese Ecke gestellt hatten. Reich-Ranicki reagierte darauf nicht als Kritiker, sondern als schwer getroffene Privatperson und weigerte sich fortan den Namen ‚Walser' überhaupt in den Mund zu nehmen. Ruth Klüger, mit der Walser seit seiner Studienzeit eine tiefe Freundschaft verband, und Elie Wiesel distanzierten sich öffentlich von ihm. Einige wenige, wie Günter Grass, konnten an dem Roman nichts Antisemitisches finden und stellten sich auf die Seite Walsers, doch sie bildeten die Ausnahme. Siegfried Unseld, sein langjähriger Freund und Leiter des Suhrkamp Verlages, konnte in die Diskussionen um Walser nicht mehr helfend eingreifen, da er, schwer krank, zu diesem Zeitpunkt bereits im Sterben lag. *Tod eines Kritikers* erschien ohne Werbung und Klappentext und sollte, nach fünfzig Jahren Zusammenarbeit, die letzte Veröffentlichung im Suhrkamp Verlag sein.[52] Im Dezember 2002 meinte Walser in einem Interview mit Arno Luik vom *Stern*, das vergangene Jahr sei „Dreck" gewesen, andauernd habe er sich rechtfertigen müssen wie ein „Angeklagter". Der Vorwurf des Antisemitismus sei eine „Ächtung" und nicht auszuhalten, er habe ans Auswandern gedacht. Er meinte außerdem, Unseld hätte diese Affäre auf jeden Fall verhindern können, wäre er nicht bereits schwer krank gewesen. Was die Beleidigungen gegenüber Reich-Ranicki angehen, so hielt er dazu fest, *Tod eines Kritikers* sei ein Roman, teilweise „geschmacklos", aber Literatur dürfe das und er sei zudem kein „Damenkränzchen". Walser erzählte darüber hinaus auch von der Unterstützung vieler Leser, die ihm aufbauende Briefe geschrieben hätten, und vom Zuspruch jüdischer Professoren im In- und Ausland. Daneben sprach er

51 Vgl. Magenau, Walser, S. 524ff.
52 Vgl. ebda, S. 533ff.

vom Schreiben als etwas für ihn „Lebenswichtige[m]", wenn ihm etwas fehle, schreibe er, und das sei die „Ermöglichung des Lebens". Und darin sähe er als Autor seine Aufgabe: Etwas so schön zu sagen, wie es nicht sei.[53]

2.4 Nach dem Skandal ist vor dem Skandal – Die Reaktionen auf *Der Augenblick der Liebe* und *Angstblüte*

Auch wenn ein schaler Nachgeschmack ohne Zweifel zurückblieb, die moderne Mediengesellschaft ist eine schnelllebige, und so rückten bald andere brisante Themen ins Zentrum des Interesses. Mit *Meßmers Reisen*, 2003 erschienen, konnte Walser etliche Kritiker mit sich versöhnen.[54] Dennoch war er, bedingt durch die Skandale der vergangenen Jahre, nun noch stärker in den Fokus der Öffentlichkeit geraten und stand mehr oder weniger unter strenger Beobachtung. Als 2004 *Der Augenblick der Liebe* erschien, waren die Meinungen der Kritiker gespalten. Während die einen begeistert aufjubelten, hielten sich die anderen mit Lob verhalten zurück. Jens Dirksen von der *NRZ* schwärmte beispielsweise vom *Augenblick der Liebe* als einem „Ausflug" in den „Altmänner-Himmel", der sich zwar „Längen und feine Ironien" leiste, dafür aber auch „schöne Blickwinkel" und „erzählerische Zärtlichkeit" biete. Es sei die „reinste Walserei".[55] Andrea Köhler schrieb in der *Neuen Zürcher Zeitung*, der Roman spiele sich irgendwo zwischen „holdem Blödsinn" und „dramatischem Gefühlstrara" ab, sei aber insgesamt ein „schönes" und „traurig[es]" Buch.[56] Zurückhaltend fiel hingegen die Kritik von Hans Christian Kosler aus, der in der *Furche* schrieb, *Der Augenblick der Liebe* sei ein „Potpourri aus Verbalerotik und philosophischem Diskurs, das ebenso amüsant wie anstrengend sein"[57] könne. Für die *FAZ*, welche mit Schirrmacher für den Skandal rund um den Roman *Tod eines Kritikers* gesorgt hatte, schrieb Richard Kämmerlings eine ausführliche Rezen-

---

53 Arno Luik: „Du stehst da oben, du willst lesen, dann brüllen die Bengel: Antisemit!" Krach des Jahres 2002. In: Stern. Menschen, Bilder und Geschichten [Sonderausgabe zum Jahresrückblick 2002], S. 158ff.

54 Vgl. Magenau, Walser, S. 553.

55 Jens Dirksen: Der neue Walser ist der alte. In: Neue Ruhr Zeitung/Neue Rhein Zeitung (Essen) vom 20.07.2004, S. 4.

56 Andrea Köhler: Die Verteidigung der Sinne. Martin Walsers Roman ‚Der Augenblick der Liebe'. In: Neue Zürcher Zeitung vom 24./25.07.2004, S. 45.

57 Hans Christian Kosler: Erträumtes Unding. Martin Walsers neuer Roman ‚Der Augenblick der Liebe'. In: Furche (Graz) vom 29.07.2004, S. 18f.

sion. Der neue Walser-Roman sei „zum Glück" kein Skandal, sondern „nur eine Enttäuschung", so das strenge Urteil des Kritikers.[58] Besonders negativ fiel die Besprechung von Ursula März in der *Frankfurter Rundschau* aus. Als „seltsames, etwas schwindelerregendes Erlebnis" bezeichnete sie die Lektüre des Buches, Walser hätte eigentlich „keinen neuen Roman geschrieben", sondern lediglich eine „Vitrine bestückt, die einem Roman ähnlich" sähe. Sie schrieb daneben auch von der „Albernheit" des Buches, indem es primär um eine „Selbstumarmung Martin Walsers" gehe. Es sei „misslungen" und obendrein „überflüssig". Ziehe man den philosophischen Gehalt des Romans ab, so erhalte man „das Alterswerk eines Schriftstellers, der sich, als hätte er's gerade entdeckt, mit den männlichen Schwierigkeiten des Sichgehenlassens beim Oralsex befasst". Und das sei so „fürchterlich" wie „banal".[59] Dagegen sprach Thomas Gross im *Rheinischen Merkur*, von typischen „Walser-Einsichten" und vom „Walsersche[n] Unterwegssein zur Sprache, zum ultimativen Stil". Es sei kein „großer Altersroman", dennoch würden „das Altern" und „der vor Augen stehende Tod" dem Leser eindringlich vermittelt. Der Roman sei keinesfalls „Altherrenprosa über Freuden des Johannistriebs", eher biete er Einblicke in „bundesrepublikanisches Biedermeier und die Natur der Ehe". Vieles sei, außer den Reflexionen über das Altern, „in eine wohltuende, fast schon altersmilde Ironie getaucht".[60]
Der Altersunterschied zwischen den Protagonisten im *Augenblick der Liebe* beträgt über dreißig Jahre und war, wenn nicht explizit, zumindest unterschwellig in den meisten Rezensionen ein Thema. Das sollte es vermutlich auch sein, denn Walser betonte in einem Interview mit der deutschen Tageszeitung *Welt* noch vor Erscheinen des Romans, ihm komme der Umgang mit dem Alter in dieser Kultur „ziemlich verlogen vor", es gäbe „wenig", worüber so viel „Kulturtünche" geschmiert würde, „wie über die Entsetzlichkeiten des Alterns". Er habe sich gedacht, er müsse, wolle er so ein Buch schrei-

58 Richard Kämmerlings: Anna, laß mich rein, laß mich raus. In: Frankfurter Allgemeine Zeitung vom 24.07.2004, S. 42.

59 Vgl. Ursula März: Überforderung durch Triebstau. Ein jeder Ehebruch ziehet vorüber: Martin Walsers neuer Roman ‚Der Augenblick der Liebe' ist eine Wiedersehensparty mit bekannten Namen, Figuren und Motiven. In: Frankfurter Rundschau vom 23.07.2004, S. 17.

60 Thomas Gross: Spiel mit dem anderen Ich. In: Rheinischer Merkur vom 22.07.2004, S. 21.

ben, Situationen schaffen, welche „im Ausdruck der Schwierigkeit des Alterns“ weiter gingen, als man bisher gegangen war.[61]

Bereits zwei Jahre danach griff Walser das Thema ‚Liebe im Alter‘ in seinem Roman *Angstblüte* erneut auf und erhöhte gewissermaßen den Einsatz. Der Altersunterschied zwischen den Protagonisten betrug nun über 40 Jahre und wieder war die Kritik gespalten. Während Peter Mohr dem Autor „jugendliche Attribute wie Zorn und Erzählwitz“[62] zuschrieb, meinte Simone Dattenberger in ihrer Besprechung, der Roman sei „eine wunderlich schwebende, dauernd absturzgefährdete Balance-Nummer der Gesellschaftssatiren“.[63] In der *FAZ* erschien auch diesmal eine ausführliche Rezension von Volker Weidermann. Er hielt *Angstblüte* für „die direkte Fortschreibung“ des Romans *Der Augenblick der Liebe*, welcher „durch seinen penetrant selbstmitleidigen Ton, schmierige Sexphantasien und seine Deutschland-Heulerei so gründlich mißlungen war“. *Angstblüte*, so attestierte er weiter, sei allerdings „anders“, nämlich „selbstbewusster und schutzloser, radikaler und so schamlos und frei wie kein Walser zuvor“. Dem Autor gelängen „anrührende Bilder“ und „Altmännerphantasien, ohne jede Scham“.[64] Dieser Meinung konnten sich Jens Dirksen und Gerrit Bartels keinesfalls anschließen. Dirksen schrieb der „Seelenarbeiter im Gemüsegarten des deutschen Bürgertums“ widme sich mit *Angstblüte* wieder dem, wovon er etwas verstünde, den „verkorksten Alltagsszenen“ des Lebens. Der Roman sei „so einfallsreich wie verschwätzt“, gekürzt hätte er seiner Ansicht nach eine „schöne Novelle“ werden können.[65] Bartels meinte in der *Tageszeitung* es handle sich hierbei um die „typischen Walser-Themen“ in einem „typisch handlungsarmen Walser-Roman“, der nicht ganz frei von „schwitziger, sabbernder Altmännerfantasie“ sei. Man müsse in Summe aufpassen, „die wirklich großen Momente“ während der Lek-

---

61 Fuhr Eckhard: ‚Ich bin todesscheu.‘ Der Schriftsteller Martin Walser im Gespräch über seinen neuen Roman, Suhrkamp und sein Land – Interview. In: Die Welt (Berlin) vom 12.07.2004.

62 Mohr, Leben, S. 72ff.

63 Simone Dattenberger: Schlingpflanzen der feinen Gesellschaft. ‚Angstblüte‘: Martin Walsers neuer Roman. In: Münchner Merkur vom 20.07.2006, S. 5.

64 Volker Weidermann: Wie komme ich hier raus? Frankfurter Allgemeine Sonntagszeitung vom 16.07.2006, S. 22.

65 Jens Dirksen: Im Angstblütenmeer. Gedankenreich, zeitlupengenau, ein wenig verschwätzt: Der neue Roman von Martin Walser. In: Neue Rhein Zeitung/Neue Ruhr Zeitung (Essen) vom 21.06.2006, S. 4.

türe nicht zu verpassen.[66] Insgesamt ist der Tenor der Kritiken zu beiden Werken neutral bis eher negativ. Elke Heidenreich sprach in einem Interview mit dem Magazin *Cicero* 2007 direkt aus, was andere längst implizit in ihren Rezensionen hatten anklingen lassen. Walser und Günter Grass stünden für „eine ganz ekelhafte Altmännerliteratur“ und hätten „seit Jahren nichts Gutes geschrieben“. Ihrer Meinung nach seien sie „eitle[...], alte[...] Männer[...], die den Mund nicht halten“ könnten.[67]

2.5 Und dann kam Goethe – Die Kritik zum *Liebenden Mann*

Die Reaktionen der Kritiker auf *Ein liebender Mann* waren kurz gesagt fulminant. Noch vor der offiziellen Publikation des Romans wurden Vorabdrucke in der *FAZ* veröffentlicht und zudem Meinungen und Abhandlungen von diversen Literaturexperten im virtuellen *FAZ*-Lesesaal gesammelt. Walser war von einem Tag auf den anderen omnipräsent, gab Interviews für Printmedien und Fernsehen und stand als (diesmal) gefeierter Autor zur Verfügung. Die Urlesung, die selbstverständlich in Weimar stattfand, wurde unter der Anwesenheit des deutschen Bundespräsidenten Horst Köhler zum vollen Erfolg. Das Gros der Kritiker war völlig begeistert und das, obwohl der Altersunterschied zwischen Goethe und seiner Ulrike fast fünfundfünfzig Jahre beträgt. In der historischen Realität und in Walsers Roman. Felicitas von Lovenberg schrieb, es sei „kein Goethe-, sondern ein Walser-Roman“ und zwar „der zarteste, unerbittlichste und versöhnlichste“, den er jemals geschrieben hätte.[68] Julia Schröder bezeichnete es als „unerwartetes Lesevergnügen“, den „Gegenwartsgestalter“ Walser im 19. Jahrhundert zu erleben und meinte, der Roman sei „der Versuch, die Unmöglichkeitserfahrung ins Äußerste und ins Unendliche zu treiben“ und dies dürfe man „Romantik nennen“.[69] Viele revi-

66 Gerrit Bartels: Lächerlich ist besser. Das Alter, die Angst vor dem Alter, die Altersweisheit und das störrische Sichsträuben gegen die Altersweisheit, die Liebe, der Sex, die Ehe, das Geld und noch vieles, vieles mehr: Martin Walsers ausschweifender, irrlichtender neuer Roman ‚Angstblüte‘. In: die tageszeitung (Berlin) vom 22.07.2006, S. 21.

67 Christine Eichel: Nie wieder Altmännerliteratur – ein Gespräch mit Elke Heidenreich. In: Cicero. Magazin für politische Kultur. 05 (2007), S. 134-137.

68 Felicitas Lovenberg: Augenkraft, die nichts verbergen kann. In: Frankfurter Allgemeine Zeitung vom 23.02.2008, S. 33.

69 Julia Schröder: ‚Immer dieses allerhöchste Geflunker‘. Im Jahr 1823 in Marienbad: Martin Walsers Roman ‚Ein liebender Mann‘ erzählt vom alten

dierten ihre Meinung über Walser, unter ihnen Andrea Köhler von der *Neuen Zürcher Zeitung*, die noch vom *Augenblick der Liebe* wenig angetan, nun meinte, man müsse kein „verruchter Lustgreis sein“ um die „Verführung durch den Liebreiz der Jugend“ verstehen zu können. Der Autor lasse die Leser „eintauchen“ in den „Wahn des Verliebten“, in die Höhen und Tiefen seiner Gefühlswelt.[70] Was die Kritikerin Elke Heidenreich betrifft, so nahm diese ihren Vorwurf, Walser produziere ‚ekelhafte Altmännerliteratur‘, nicht ausdrücklich zurück, änderte ihre Meinung aber augenscheinlich mit der Lektüre des *Liebenden Mannes*. In der *Frankfurter Allgemeinen Sonntagszeitung* schrieb sie pathetisch: „Dieses Buch kommt der Liebe so nah, dass man weinen möchte. Klar, dass Männer das nicht lesen wollen“.[71]

Damit behielt sie allerdings nicht unmittelbar Recht, denn es zeigten sich auch männliche Kritiker vom *Liebenden Mann* durchaus begeistert. Martin Lüdke stellte unter anderem fest, dass Walsers Goethe „historisch gesehen“ stimme, „lebendig“ würde er allerdings erst durch die „Leidens- und Liebesfähigkeit“, die der Autor ihm verleihe. Dieser Roman sei sein „schönster“ und das, obwohl die Gefahr „ins Peinliche abzurutschen“, bedingt durch die Motive „Alter und Liebe“, beträchtlich gewesen sei. Walser sei vielleicht „der letzte große Platoniker“, der ungebrochen an die „ewige Kraft des Eros“ glaube, an „die Liebe“, die alles bewege „und auch vom Alter nicht zu besiegen“ sei.[72] Joachim Kaiser, der eigens für die Urlesung nach Weimar gereist war, schrieb, ihn hätte vor allem die „Anmut“ der Walserschen Schilderung begeistert. Man lasse sich als Leser ein auf „Liebes-Passion, Dichter-Gescheitheit, lebendiges Zeitkolorit“. Walser übertreffe damit nicht nur sich selbst, sondern sogar „manche berühmte Goethe-Schilderung der deutschen Literatur“. Ihm sei ein „wunderschöner, liebes- und erfahrungsgesättigter, im Schlussteil nicht unproblematischer Roman gelungen“.[73]

Goethe und der jungen Ulrike von Levetzow. In: Stuttgarter Zeitung vom 27.02.2008, S. 25.

70 Andrea Köhler: Letztes Jahr in Marienbad. Martin Walsers Goethe-Roman ‚Ein liebender Mann‘. In: Neue Zürcher Zeitung vom 04.03.2008, S. 45.

71 Elke Heidenreich: Liebe mit Stil. In: Frankfurter Allgemeine Sonntagszeitung vom 09.03.2008, S. 34.

72 Martin Lüdke: Von der Kraft, die alles bewegt. Und sie küsst lieber mit der Seele: In Martin Walsers neuem Roman ‚Ein liebender Mann‘ sind alte Meister unter sich. In: Frankfurter Rundschau vom 01.03.2008, S. 34.

73 Joachim Kaiser: Die Leiden des alten Werthers. In: Süddeutsche Zeitung vom 29.02.2008, S. 11.

Das Thema ‚alter Mann liebt junge Frau' ist in den letzten drei Romanen Martin Walsers kontinuierlich dasselbe. Der Altersunterschied der Protagonisten steigert sich von fast vierzig Jahren im *Augenblick der Liebe* auf über vierzig Jahre in *Angstblüte* und schließlich auf über fünfzig in *Ein liebender Mann*. Betrachtet man summarisch die Rezensionen zu diesen Romanen, so fällt auf, dass exakt dieser Altersunterschied immer wieder zum Kritikpunkt wurde, ausgenommen im *Liebenden Mann*. Nun drängt sich der Gedanke auf, dass Walser diesen Roman über Goethe möglicherweise auch verfasst hat, um sich der Kritik zu entziehen beziehungsweise um sie zu übervorteilen. Diesen Roman zu kritisieren bedeutet gleichzeitig auch Goethe zu kritisieren, und wem würde das zustehen? Zugleich könnte man es aber auch als Test für die Gesellschaft betrachten, die Walser schon immer nur zu gern entlarvt und vorgeführt hat. Und der Test, sofern es einer war, ist aufgegangen. Liebt und begehrt der 70-jährige Karl von Kahn, Protagonist des Romans *Angstblüte*, eine um vierzig Jahre jüngere Frau, so wird das vom Leser als ebenso lächerlich wie peinlich empfunden. Verfasst dieser Protagonist dann auch noch Briefe über seine Liebe und sein Begehren, so grenzt das an Perversion. Handelt es sich bei diesem Protagonisten nun aber nicht mehr um ‚irgendeinen' alten Mann, sondern um Johann Wolfgang von Goethe und liebt dieser im selben Alter eine 19-Jährige, so ist das die vollkommene Romantik, welche die Leser zu Tränen rührt. Das schriftliche Zeugnis dieser Liebe wird dann für Jahrhunderte zum Inbegriff deutscher Lyrik. Sowas nennt sich Gerechtigkeit, oder eher ‚Prominentenbonus'? Auf jeden Fall wird hier mit zweierlei Maß gemessen. Was Martin Walser mit *Ein liebender Mann* unter anderem gelingt, ist eine besondere Form der Legitimation. Seit Jahren kämpft er, mit Hilfe seiner literarischen Figuren, um das Recht auf Liebe und vor allem Leidenschaft im Alter - mit diesem Roman, durch Goethe, erhält er es. „Das ist", schrieb er in einem Essay vor vielen Jahren, „der normale Gebrauch, den wir von Geschichte machen: wir statten uns aus mit ihr, verteidigen uns mit ihr, sie ist das Zeughaus für unsere Legitimierung".[74] Das stimmt heute noch genauso wie damals, und Walser hält der Gesellschaft den Spiegel vor, wieder einmal. Auch aus diesem Grund kann *Ein liebender Mann* nicht ‚nur' als historischer Roman gesehen werden, obwohl er viele Aspekte desselben erfüllt. Dieser Roman ist zudem Legitimierung für die vorangehenden Romane des Autors und darüber hinaus auch noch mit autobiogra-

74 Walser, Selbsthelfer, S. 217.

phischen Zügen versehen, worauf im Verlauf dieser Arbeit noch hingewiesen wird.

3. Historische Personen in Walsers Figureninventar

In Walsers Roman begegnen dem Leser, neben wenigen fiktiven, in erster Linie historische Personen. Einige von ihnen sind aufgrund der Beziehung, in der sie zu Goethe standen, bekannt, andere waren selbst bedeutende Persönlichkeiten, darunter Autoren, Wissenschaftler, Gelehrte und Adelige. Im Folgenden werden diese Personen näher betrachtet und, sofern nötig, ihren Rollen im Roman gegenübergestellt.

3.1 Der Levetzow-Clan

Wann genau Goethe Ulrikes Großeltern mütterlicherseits, Friedrich Lebrecht von Brösigke und seine Frau Ulrike, kennenlernte, ist unklar. Der Großvater war ein Patenkind Friedrichs des Großen, stammte aus einer „altbrandenburgischen Familie" und ließ sich mit seiner Frau auf dem „Gut Lemnitz" in „Kursachsen" nieder.[75] Ihre einzige Tochter, Amalie Theodore Caroline, wurde vermutlich 1788 geboren und führte ein bewegtes Leben. Im Alter von vierzehn Jahren lernte sie ihren ersten Ehemann, Joachim Otto Ulrich von Levetzow, kennen und ging mit diesem am Silvestertag des Jahres 1803 den Bund fürs Leben ein. Wie Dagmar von Gersdorff berichtet, soll es dem Bräutigam mit der Ehe eilig gewesen sein, was verständlich wird, wenn man das Geburtsdatum ihres ersten Kindes betrachtet. Ulrike Theodore Sophie erblickte am vierten Februar 1804 das Licht der Welt, doch die Ehe ihrer Eltern stand unter keinem guten Stern. Kurz nach der Geburt ihrer Schwester Amélie Ottilie Friederike Ferdinande im Jahre 1806, entschieden die Eheleute, fortan getrennte Wege zu gehen. Während sich der Vater erneut vermählte, suchte die junge Mutter mit ihren beiden Töchtern Zuflucht auf dem Anwesen ihrer Eltern.[76]

---

[75] Gustav von Loeper: Zu Goethes Gedichten *Trilogie der Leidenschaft.* In: Goethe-Jahrbuch 8 (1887), S. 166.

[76] Vgl. Dagmar von Gersdorff: Goethes späte Liebe. Die Geschichte der Ulrike von Levetzow. Frankfurt, Leipzig: Insel 2005. (= Insel-Bücherei. 1265.) S. 18f.

Im Sommer dieses Jahres lernte Amalie in Karlsbad Johann Wolfgang von Goethe kennen und muss dabei einen nachhaltigen Eindruck auf ihn hinterlassen haben. Am 27. Juli 1806 notierte dieser in seinem Tagebuch: „Frau v. Brösigke und Frau von Levetzow (Pandora)". (WA III/3, 147) Pandora, die in der griechischen Mythologie in einem Krug oder einer Büchse alle möglichen Übel auf die Erde bringt und freilässt,[77] erfährt in Goethes Rezeption eine grundlegende Umdeutung. Sein gleichnamiges 1808 fertiggestelltes Festspiel war eine Auftragsarbeit zur Eröffnung der Zeitschrift *Prometheus*. Goethes Vorstellung nach sollte Pandora in einem zweiten Teil wiederkehren und den Menschen gute Gaben, Kunst und Wissenschaft als Geschenke bringen. Zu dieser Heilsfigur also hatte ihn Amalie von Levetzow inspiriert und vielleicht konnte nur eine Tochter dieser besonderen Frau dem alten Goethe vorübergehend die Jugend zurückbringen.[78]

Bereits ein Jahr später, im Juni 1807, heiratete Amalie einen Vetter ihres ersten Mannes, Friedrich von Levetzow, was sich aufgrund des engen Verwandtschaftsverhältnisses und der erst kurze Zeit zurückliegenden Scheidung einigermaßen delikat gestaltete. Ihr gemeinsames Kind nannten sie Bertha Ulrike Helene, ein 1810 geborener Junge starb noch im Säuglingsalter. Amalies Vater verkaufte dem Paar sein Gut, was sich als Fehler herausstellte, da der junge Ehemann und Offizier im Dragonerregiment Schulden machte und die Familie bald ohne Heim dastand. Friedrich fiel im Jahr 1815 in der Schlacht von Waterloo und so wurde Amalie mit nur 27 Jahren zur Witwe. Zusammen mit ihren Eltern entschied sie ihr restliches Vermögen in ein Hotel in Marienbad zu investieren, wobei sie von Franz Graf von Klebelsberg-Thumburg tatkräftig, und wohl auch mit etlichen Finanzspritzen, unterstützt wurden. Dieser hatte seinerseits Interesse an der auffallend schönen Frau bekundet und die Führung des prachtvollen Hauses dem Ehepaar Brösigke überlassen.[79] Später lebten Amalie und die unverheiratet gebliebene Ulrike bei Graf Klebelsberg auf Schloss Triblitz, das zu ihrer Heimat wurde. Die jüngste Tochter Bertha, die Goethe in einem Brief an ihre Mutter tatsächlich

77 Vgl. Edward Tripp: Pandora. In: Ders.: Reclams Lexikon der antiken Mythologie. Aus dem Amerikanischen übersetzt von Rainer Rauthe. 7. Aufl. Stuttgart: Reclam 2001, S. 405.

78 Vgl. Gerhard Sauder: Festspiele. Pandora. In: Goethe Handbuch. *Dramen*. Bd. 2. Hrsg. von Theo Buck. Stuttgart, Weimar: Metzler 2004. (= Goethe Handbuch. Hrsg. von Bernd Witte [u. a.]. 2.) S. 335ff.

79 Vgl. Gersdorff, Ulrike, S. 19ff.

einmal als „holde[n] Herankömmling“[80] (LM, 17) bezeichnet hatte, zog nach dem frühen Tod ihres Mannes ebenfalls zu ihnen. Ulrikes zweite Schwester Amélie heiratete einen Baron Leopold von Rauch, der angeblich zuvor um Ulrike geworben haben, von ihr jedoch zurückgewiesen worden sein soll. Amélie starb 1831, woraufhin Ulrike die Erziehung ihres Sohnes Franz übernahm.[81]

Was Walsers Roman betrifft, so liefert er einige Fehlinformationen über Ulrikes Familie. An einer Stelle, die in Kapitel 4.1 noch besprochen wird, verwechselt er die Schwestern Amélie und Bertha, an einer anderen macht er Graf Klebelsberg frühzeitig zum österreichischen Finanzminister (vgl. LM, 235). Das Amt des Hofkammerpräsidenten, das dem des heutigen Finanzministers entsprach, bekleidete der Graf für kurze Zeit tatsächlich, allerdings erst in den Jahren zwischen 1830 und 1834. Dagegen hat Walser das Alter des Grafen wieder sehr genau recherchiert, denn am 24. Juli 1823 war dieser in der Tat 49 Jahre alt geworden.[82] (Vgl. LM, 55) Die Informationen über Ulrikes leiblichen Vater sind hingegen inkorrekt. Walser schreibt, dieser sei in der Schlacht bei Waterloo gefallen (vgl. LM, 232), das war jedoch, wie bereits erwähnt, Friedrich von Levetzow, Amalies zweiter Mann. Ulrikes Vater Joachim Otto von Levetzow starb erst 1843 und war der wahre Grund, weshalb Amalie und Graf Klebelsberg lange Zeit nicht heiraten konnten. Im *Liebenden Mann* stehen die unverheirateten Töchter der Vermählung der Mutter im Wege (vgl. LM, 235/265), tatsächlich war allerdings der erste Ehemann Amalies der Hinderungsgrund. Graf Klebelsbeg-Thumburg war katholisch, was eine Eheschließung mit der geschiedenen Frau von Levetzow unmöglich machte. Nach dem Tod des ersten Mannes konnten sie 1843, nach über zwanzig Jahren Beziehung, endlich doch noch heiraten.[83]

Die Mutter Ulrikes, mit der Goethe bis zu seinem Tod in brieflichem Kontakt stand, wirkt im Roman etwas affektiert und egozentrisch. Mehrmals scheint Ulrike sich ihrer zu schämen (vgl. LM 31/56f) und zudem entsteht der Eindruck, als wäre vor allem sie ge-

80 Johann Wolfgang von Goethe: Brief an Frau von Levetzow vom 9. September 1823. Zitiert nach: Bernhard Suphan: Briefe Goethes an Ulrike von Levetzow und ihre Mutter Amalie von Levetzow, geb. von Brösigke. In: Goethe-Jarhbuch 21 (1900), S. 9.

81 Gersdorff, Ulrike, S. 100ff.

82 Vgl. Konstant von Wurzbach: Klebelsberg, Franz Graf. In: Ders.: Biographisches Lexikon des Kaiserthums Oesterreich. Bd. 12. Wien: Kaiserlich-königliche Hof- und Staatsdruckerei 1863, S. 30.

83 Vgl. Johannes Urzidil: Goethe in Böhmen. 2. erw. Aufl. Zürich: Artemis 1965, S. 156.

gen eine Verbindung von Ulrike und Goethe. Denn obwohl Amalie sich bei der Abreise besonders herzlich von Goethe verabschiedet (vgl. LM, 121), stammt die Idee, nach Karlsbad weiterzufahren doch überhaupt erst von ihr (vgl. LM, 117). Walser macht sie schließlich sogar noch zur Kupplerin zwischen Ulrike und Herrn de Ror (vgl. LM, 223f), was eindeutig Ulrikes Erinnerungen an ihre Mutter widerspricht: „Meine Mutter hatte sich aber fest vorgenommen, keine ihrer Töchter zu einer Heirat zu überreden und zu bestimmen [...]“.[84] Um mit Ulrike Zeit verbringen zu dürfen, muss Goethe Amalie Gegenleistungen erbringen, beispielsweise ihre Bekannten empfangen (vgl. LM, 142f) und nachdem Amalie den beiden einen gemeinsamen Spaziergang gestattet, weist sie streng darauf hin, das in sie gesetzte Vertrauen unter keinen Umständen zu missbrauchen. (Vgl. LM, 158) Das alles entspricht nicht unbedingt dem respektvollen Umgangston, den man den historischen Briefen Frau von Levetzows an Goethe entnimmt.[85] Insgesamt leidet das Image der Mutter im Roman vermutlich primär, um Ulrikes anziehende Persönlichkeit noch stärker aufwerten und hervorheben zu können.

3.2 Die Familie in Weimar

3.2.1 Der Sohn

August von Goethe wird im *Liebenden Mann* mehrmals, allerdings nur beiläufig, erwähnt und das entspricht bereits ziemlich genau seiner Rolle als Goethes Sohn. Das Erbe des Vaters war schwer anzutreten, seine Fußstapfen jemals auszufüllen geradezu unmöglich. An dieser freudähnlichen Übervaterfigur musste August zerbrechen – und das tat er. Als August Julius Walther am 25. Dezember 1789 geboren wurde, stand sein Familienname noch keineswegs fest. Vulpius oder Goethe – das war die alles entscheidende Frage. Eine uneheliche Geburt hatte im Normalfall eine Anzeige und ein beachtliches Bußgeld zur Folge, Goethe konnte das aufgrund seiner Beziehungen zwar verhindern, unangenehm war die Situation aber allemal. In erster Linie für die Mutter Christiane, aber zunehmend auch für den Sohn,

84 Ulrike von Levetzow: Erinnerungen an Goethe. Mit dem Faksimile der Originalhandschrift. Vorwort von Werner Fuld. Hrsg. von Vera-M. Appel. Weßling: Antiquariat Appel 2008, [o. S.].

85 Vgl. Amalie von Levetzow: Brief an Goethe vom 6. September 1829. Zitiert nach: Loeper, Trilogie, S. 184.

denn Goethe konnte sich erst 1806 zur Ehe und damit zu Augusts voller Legitimation entschließen. Zu diesem Zeitpunkt war der Junge fast siebzehn Jahre alt und bis dahin musste er mit dem Gerede hinter vorgehaltener Hand leben. Seine frühe Kindheit dürfte dennoch einigermaßen glücklich verlaufen sein. Mehrmals durfte er den geliebten Vater auf Reisen, wie nach Ilmenau 1795, begleiten, doch schon zeitig lernte er auch dessen Eigenheiten kennen. Wenn Goethe an etwas arbeitete, zog er sich in die Einsamkeit, nach Jena oder ins Gartenhaus im Park an der Ilm, zurück. August und Christiane blieb nichts anderes übrig, als das zu akzeptieren und in unzähligen Briefen den Vater beziehungsweise Geliebten ihrer Zuneigung zu versichern und auf seine baldige Heimkehr zu hoffen.[86]

Goethes Sohn sah mehrere Geschwister zur Welt kommen und nach wenigen Tagen wieder sterben, Ärzte vermuten heute eine Rhesusunverträglichkeit, was für die gesamte Familie, besonders für die Mutter, sehr schwer gewesen sein muss. August war ein kluges Kind, Unterricht erhielt er allerdings nur nebenbei, denn Goethe hatte eine sehr spezielle Auffassung von Schule und Lernen. Eine alles umfassende Ausbildung sollte es für den Sohn sein, mit verschiedenen Hauslehrern und vielen Reisen. 1797 durfte er mit Christiane zu Goethes Mutter nach Frankfurt, der Vater war vorausgefahren und erwartete sie bereits. Die Großmutter, selbst mit einem sonnigen Gemüt gesegnet, liebte den Enkel und seine unkomplizierte Mutter auf Anhieb und das Kennenlernen wurde für alle zu einer großen Freude. August begeisterte sich früh fürs Theater, die Ovationen, die dort seinem Vater gebracht wurden, irritierten ihn jedoch und waren ihm unangenehm. Im Jahr 1803 trat Friedrich Wilhelm Riemer seine Stelle als Lehrer für den jungen Goethe im Haus am Frauenplan an. Riemer wollte vor allem in Goethes Gesellschaft sein und bald avancierte er zum Mitarbeiter und Schreiber Goethes. Er wurde abkommandiert, wann immer Goethe ihn für seine Arbeit benötigte, der Unterricht musste dann eben entfallen. Im Frühjahr 1805 durfte der bald 16-jährige junge Mann allein für mehrere Wochen zu seiner Großmutter nach Frankfurt reisen, ein Zusammensein, das für beide Seiten mehr als glücklich verlief. Nach seiner Rückkehr sollte August eigentlich das Gymnasium besuchen, um einen Abschluss für das nachfolgende Studium zu erwerben, eine Erholungsreise des Vaters war aber wiederum wichtiger und so verzögerte sich dieses Vorhaben

---

86 Vgl. Werner Völker: Der Sohn. August von Goethe. Frankfurt, Leipzig: Insel 1992, S. 7ff.

erneut. In der Schule stellte sich schließlich heraus, dass August ein normalbegabtes Kind war und wohl niemals zu einem Genie wie der Vater werden würde. Dennoch begann er 1808 ein Jurastudium in Heidelberg, den Eltern war angeblich daran gelegen, ihn von seiner ersten großen Liebe, der aus ärmlichen Verhältnissen stammenden Karoline Schumann, zu distanzieren. Auf dem Weg dorthin besuchte er erneut und zum letzten Mal die Großmutter, sie sollte nur Wochen später überraschend sterben, was August hart traf. Mehr als das Studium begeisterte ihn seine neugewonnene Freiheit, er trat einer Studentenverbindung bei, feierte eifrig und ausgiebig und musste letztlich den Vater um Geld zur Begleichung seiner Schulden bitten.[87]

Im September 1809 kehrte er nach Weimar zurück um seine Ausbildung in Jena zu beenden und um, dem Wunsch des Vaters gemäß, in den Staatsdienst einzutreten. August wurde zum Kammer-Assessor und schließlich zum Angestellten des Vaters, der für Besitz, Finanzen und die Öffentlichkeitsarbeit verantwortlich war. Als August sich 1813 als Freiwilliger melden wollte, um gegen Napoleons Truppen zu kämpfen, setzte Goethe alle Hebel in Bewegung um dies zu verhindern. Damit entmündigte er den Sohn nicht nur, er demütigte ihn auch und machte ihn vor aller Welt lächerlich. August von Goethe war niemals sein eigener Herr, er war vielmehr ein Anhängsel des Vaters, über welches dieser frei verfügen konnte. Ein Jahr nach dem Tod seiner Mutter heiratete August Ottilie von Pogwisch und brachte damit seinem Vater eine neue Frau und Repräsentantin ins Haus. Diese Ehe war ein absoluter Fehlgriff und brachte neben den drei gemeinsamen Kindern wenig Positives mit sich. August war ein liebevoller Vater, allerdings konnte er sich auch in dieser Rolle nicht völlig entfalten. Zu omnipräsent und übermächtig war der große Dichter, der seine Enkel innig liebte und verwöhnte. Nach der Geburt des zweiten Sohnes stürzte sich Ottilie regelmäßig in außereheliche Abenteuer und August begann seine zunehmende Enttäuschung im Alkohol zu ertränken.[88]

Im Sommer 1824, ein Jahr nach der Aufregung über Goethes Sommerliebe, wurde August schwer krank. Er musste eine strenge Diät halten und seinen Alkoholkonsum reduzieren, was ihm kaum gelang, und nur zwei Jahre darauf lag er wieder sterbenskrank im Bett. Werner Völker schreibt von den diversen, zu dieser Zeit noch weitgehend unbekannten, physischen Erkrankungen Augusts, wie der

87 Vgl. Völker, August, S. 40ff.

88 Vgl. ebda, S. 187ff.

Fettsucht, der Vieltrinkerei und der Dysphagie. Hinzu kamen psychische Auffälligkeiten, die an das Krankheitsbild manisch-depressiver Patienten erinnern. Zurückzuführen seien diese Leiden laut Völker möglicherweise auf die Unverträglichkeit der Rhesusfaktoren der Eltern, die auch schon beim ersten Kind pathologische Veränderungen und Spätfolgen verursacht haben könnten. Auf jeden Fall war August von Goethe ein schwer kranker Mensch, den zum komplexen Verhältnis zum Vater auch noch eine völlig zerrüttete Ehe schwer belastete. Diese konnte auch nicht durch die Geburt eines dritten Kindes gerettet werden. Nachdem sich sein Zustand in den folgenden Jahren weiter verschlechterte, stimmte Goethe 1830 endlich einer lang ersehnten Reise nach Italien, gedacht als Erholungsfahrt, zu. Eckermann sollte ihn begleiten, doch die beiden grundverschiedenen Menschen entzweiten und trennten sich schließlich. Während Eckermann nach Weimar zurückkehrte, reiste August weiter nach Süden. Nach einem Schlüsselbeinbruch und damit einhergehendem Wundfieber als Folge eines Kutschenunfalls bereiste er noch Neapel und Rom, wo er am 27. Oktober 1830 an einer akuten Hirnhautentzündung starb. Die Obduktion ergab, dass seine Leber bereits nachhaltig angegriffen und weitgehend zerstört war, sodass er keinesfalls mehr lange zu leben gehabt hätte.[89] August wurde auf dem Cimitero acattolico di Roma, also auf dem Friedhof für Nicht-Katholische, in der Nähe der Cestius-Pyramide begraben. Auf seinem Grabstein sucht man vergebens seinen Namen, in Stein gemeißelt stehen, vom Vater ausgesucht, die Worte: GOETHE FILIUS PATRI ANTEVERTENS OBIIT ANNOR XL MDCCCXXX.[90]

Dem Leser des *Liebenden Mannes* begegnet August zuerst als Goethes „missglückter Samen“ (LM, 74), dem er aus Anstand eben auch einen „harmlos bleibenden Allerweltsbrief“ (LM, 94) aus Marienbad schreiben muss. Beim Wiedersehen in Jena fällt dem Dichter zuerst die Leibesfülle des Sohnes auf, der Diäten angeblich „für eine bösartige Erfindung geldgieriger Ärzte“ (LM, 175) halte. Zudem erwähnt Walser seine Verehrung für Napoleon (vgl. LM, 175), die auch nach dessen Scheitern im Russland-Feldzug, seiner Niederlage in der Schlacht von Waterloo und seiner Verbannung auf St. Helena ungebrochen anhielt. Völker sieht diese Verehrung als eine Art Kompensation dafür an, dass August nicht, wie er selbst wollte, in der

89 Vgl. Völker, August, S. 285ff.
90 Vgl. Foto im Anhang auf S. 152.

Freiwilligenarmee gegen Napoleon kämpfen durfte.[91] Charakteristisch ist auch jene Passage, in der Goethe merkt, dass sich August mit ihm über die Beziehung zu Ulrike und seine Zukunftspläne unterhalten möchte, es aber nicht wagt, den Vater direkt darauf anzusprechen, geschweige denn eine konkrete Stellungnahme von ihm zu fordern. Dabei erwähnt August Ottilies Leiden unter dieser Situation und führt es auf die besondere Beziehung zwischen Goethe und ihr zurück. (Vgl. LM, 176f) So ähnlich könnten sich diese Gespräche tatsächlich abgespielt haben, wie man den Briefen Augusts an seine Frau entnehmen kann. Darin berichtet er Ottilie von seinen Unterhaltungen mit dem Vater: „[...] dein [Ottilies] Übelbefinden habe angebracht; bis jetzt ist nichts verlautet, aber einige Verlegenheit nicht zu verkennen [...]".[92] Und nur einen Tag später: „[...] Der bewußte Name*, das Wort Familie, ist noch nicht genannt worten, und ich fange an zu hoffen, daß alles gut gehen und sich die ganze Geschichte wie ein Traumbild auflösen werde [...]".[93] Angst und Ungewissheit sprechen aus diesen Zeilen, August war zweifellos beunruhigt, wie sollte es auch anders sein? Eine um fünfzehn Jahre jüngere Frau war gerade dabei, ihn um seine Stellung und sein verdientes Erbe zu bringen, das konnte und wollte auch der gutmütige Sohn nicht dulden. Vielleicht zum ersten Mal in seinem Leben lehnte er sich auf gegen das Verhalten des Vaters. Kanzler von Müller berichtet, natürlich nicht unparteiisch, folgendermaßen darüber: „[...] Nur vom *Sohne* her droht alles Übel, da der verrückte Patron gegen den Vater den Pikierten spielt und sogar Ottilien mit sich nach Berlin nehmen will, wodurch *alsdann erst alles* verloren gehen könnte [...]".[94] Auch Charlotte von Schiller, eine der führenden ‚Tratschbasen' in Weimar, berichtete ihrem Sohn Ernst: „[...] Der Kammerrat soll außer sich sein, Ottilie

---

91 Vgl. Völker, August, S. 201ff.

92 August von Goethe: Brief an seine Frau vom 13. September 1823. In: Aus Ottilie von Goethes Nachlaß. Briefe und Tagebücher von ihr und an sie bis 1832. Nach den Handschriften des Goethe- und Schiller-Archivs. Hrsg. von Wolfgang von Oettingen. Weimar: Goethe-Gesellschaft 1913. (= Schriften der Goethe-Gesellschaft. 28.) S. 74f.

93 August von Goethe: Brief an seine Frau vom 14. September 1823. In: Aus Ottilie von Goethes Nachlaß, Oettingen, S. 76.

94 Kanzler von Müller: Brief an Julie von Egloffstein vom 25. September 1823. In: Goethe in vertraulichen Briefen seiner Zeitgenossen. Bd. 3. 1817-1832. Hrsg. von Wilhelm Bode. Berlin, Weimar: Aufbau 1999. (= Aufbau Taschenbuch. 6049.) S. 157.

aber sich sehr vernünftig betragen [...]".[95] Von Goethe selbst gibt es indes keine Aufzeichnungen über Streitereien, weder mit dem Sohn noch mit der Schwiegertochter. Bei Walser wird Ottilie, entgegen der Meinungen der Zeitzeugen, deutlich negativer dargestellt als ihr Gatte.

3.2.2 Die Schwiegertochter

Ottilie von Goethe, geborene Pogwisch, wird in Walsers Roman, vielleicht ein wenig ungerechtfertigt, zum cholerischen Hausdrachen mit latent sadistischen Tendenzen. 1796 geboren, entstammte Ottilie mütterlicherseits der altadeligen Familie Henckel von Donnersmarck, deren Reichtum weniger in ihrem Besitz als vielmehr in ihrem Namen lag. Sowohl ihre Großmutter wie auch ihre Mutter mussten sich als Hofdamen ihren Unterhalt verdienen. Ottilies Vater, Wilhelm Julius von Pogwisch, war Major, quittierte aber nach der Hochzeit mit ihrer Mutter Henriette den Dienst, um sich seinen Besitztümern zu widmen. Er war ein ungewöhnlich fürsorglicher Ehemann und Vater, verlor jedoch nach einigen Spekulationen seinen gesamten Besitz und war gezwungen, seine Frau mit den Kindern, Ottilies Schwester Ulrike war 1798 geboren, auf das Gut seines Schwagers in die Lausitz zu schicken. Nach einer Anstellung bei der Fürstin Friederike von Preußen wollte Henriette zu ihrem geliebten Ehemann zurückkehren und endlich für eine umfassende Ausbildung ihrer Töchter sorgen, doch die finanzielle Situation des Major Pogwisch hatte sich inzwischen noch verschlechtert. Henriettes autoritäre Mutter, die mittlerweile im Dienst der Erbherzogin von Sachsen-Weimar-Eisenach stand, wollte eine neuerliche Verbindung von Ottilies Eltern unter allen Umständen verhindern und beorderte Henriette, mit der Aussicht auf eine Stelle als Hofdame bei der Herzogin Louise, nach Weimar. Im April 1806 kam sie schließlich mit ihren Töchtern in dem kleinen Fürstentum an.[96]

Zehn Jahre später hatten sich die Pogwischs einigermaßen gut in Weimar eingelebt. Ottilie und Ulrike verbrachten viel Zeit bei ihrer Großmutter, die Mahlzeiten nahmen sie im Haus der Oberkammer-

---

95 Charlotte von Schiller: Brief an ihren Sohn Ernst vom 10. Oktober 1823. In: Goethe in vertraulichen Briefen, Bode, S. 159f.

96 Vgl. Ruth Rahmeyer: Ottilie von Goethe. Eine Biographie. Frankfurt, Leipzig: Insel 2002. (= insel taschenbuch. 2875.) S. 9ff.

herrin von Egloffstein mit deren hübschen Nichten Julie und Line ein. Die beiden Schwestern, vier und sieben Jahre älter als Ottilie, die beide mehrfach in Walsers Roman vorkommen, wurden gewissermaßen zur Ersatzfamilie, und die Freundschaft der Mädchen dauerte bis ins hohe Alter an. Mehrmals pro Woche versammelten sich die jungen Damen mit anderen Töchtern aus gutem Hause in Goethes Gesellschaftszimmern, um zusammen zu musizieren oder einstudierte Stücke aufzuführen. Bei diesen Gelegenheiten begegnete Ottilie August von Goethe. Dieser verliebte sich in die intelligente junge Frau und begann ihr den Hof zu machen. Obwohl Ottilie die Gefühle nicht unmittelbar erwiderte, war sie doch geschmeichelt von Augusts Werben und erteilte ihm keine direkte Absage, sondern genoss das ihr entgegengebrachte Interesse. Der in die Jahre gekommene Goethe erfreute sich an den jungen Damen, die sich um ihn versammelten, und war mit der Wahl seines Sohnes überaus zufrieden. Im Jahr 1813 verliebte sich Ottilie in den Premierleutnant Ferdinand Heinke, der ihre Gefühle auch erwiderte, jedoch bereits verlobt war und sein Versprechen nicht brechen wollte. Er wurde für Ottilie zum Inbegriff des idealen Mannes und keine spätere Liebe sollte an die der damals Siebzehnjährigen heranreichen.[97]

Nach der Episode mit Heinke meldete August erneut Besitzansprüche an, denen sich Ottilie nun nicht mehr erwehren konnte. Glaubt man Rahmeyers Biographie, so schlitterte sie immer tiefer in diese Beziehung hinein, bis ihr nur noch die Heirat oder der Weggang aus Weimar blieben. Zudem lockten die gesicherten Verhältnisse im Hause Goethe und zu der uneingeschränkten Zuneigung Augusts auch die des Vaters. Ein Jahr nach Christianes Tod fand im Juni 1817 die Trauung statt und Ottilie schwor sich, dem Schwiegervater eine liebevolle und aufopfernde Tochter zu werden, was ihr auch gelingen sollte. Im April des folgenden Jahres schenkte sie ihrem Mann den ersten Sohn und noch wichtiger, Goethe den ersten Enkel namens Walther. Damit hatte sie endgültig sein Herz erobert und der Dichter, der selbst immer auf eine große Familie gehofft hatte, war bemüht ihr alle Wünsche zu erfüllen. Ottilie war im Gegensatz zu Christiane heillos überfordert mit der Hauswirtschaft und immer wieder auf die Unterstützung Augusts oder diverser Diener angewiesen. Den zweiten Sohn brachte sie unter großer Gefahr für ihr eigenes Leben 1820 zur Welt. Er erhielt den Rufnamen des Großvaters und Wolfgang erfreute sich dessen besonderer Zuneigung. Ottilie, die das Theater liebte

97 Vgl. ebda, S. 30ff.

und auch in ihrem Privatleben das Drama zu brauchen schien, begann sich in ihrer Ehe zu langweilen. Zahlreiche Flirts und Liebschaften mit bevorzugt sehr jungen Männern waren die Folge, August übersah die meisten davon großzügig und ging ebenfalls seiner Wege.[98]

Trotz der zerrütteten Ehe, die zwischendurch immer wieder einige gute Momente bereithielt, wurde im Oktober 1827 noch die gemeinsame Tochter Alma geboren. Ottilie gab ab 1829 die Wochenzeitschrift *Chaos* heraus, in der auch Goethe und Eckermann publizierten. Nach dem Tod des ungeliebten Gatten wurde Goethe zum Ersatzvater für die Kinder und noch stärker zum Vertrauten der jungen Witwe als bisher. Mit Goethes Tod ging für Ottilie schließlich eine Ära zu Ende, sie verlor einen Fixpunkt und taumelte danach mehr oder weniger orientierungslos durch ihr restliches Leben. Eine uneheliche Tochter, zur Pflege in Wien, starb 1836 mit nur einem Jahr. Danach lebte Ottilie mit und ohne Kinder, abhängig von ihrer finanziellen Lage, abwechselnd in Weimar und Wien, wo Alma 1844 während einer Typhus-Epidemie starb, was für Ottilie ein besonders schwerer Schicksalsschlag war. Die letzten Jahre ihres Lebens verbrachte sie im Goethehaus in Weimar, wo sie im Oktober 1872 einem Herzleiden erlag. Ihre Söhne Wolfgang und Walther überlebten sie um zehn beziehungsweise zwölf Jahre und hinterließen bei ihrem Tod keine Nachkommen.[99]

Wie bereits angesprochen stellt sich das Ottilie-Bild in Walsers Roman insgesamt ziemlich negativ dar. Gleich zu Beginn des Romans erklärt Walsers Goethe, er habe gelernt, seine Zahnlücke im Bereich der Vorderzähne durch geschickte Mimik zu verbergen und Ottilie aufgetragen, stets darauf zu achten, dass diese in Gegenwart von Besuchern nicht sichtbar werde. Diesen Auftrag, so meint er, hätte sie „immer mit etwas zu greller Lust" (LM, 24) ausgeführt. Gegen Ende weist Ottilie den Schwiegervater dann auf seine erzwungene Haltung hin, welche „nicht angenehm" (LM, 239) wirke, was an eine Aussage Franz Grillparzers, nach seinem Besuch bei Goethe erinnert. Dort heißt es, er hätte an Goethe „ein gedrücktes Vorneigen des Oberleibs mit Kopf und Nacken" bemerkt, welches dieser durch eine „steife[...] Körperhaltung" zu verbergen versucht hätte, woraus „jenes gezwungene Emporrichten" entstanden sei, „das eine unangenehme Wirkung

[98] Vgl. Rahmeyer, Ottilie, S. 74ff.
[99] Vgl. ebda, S. 142ff.

machte".[100] Zudem klagt Goethe, er müsse Ottilie so „behandeln, als wäre sie seine Frau und nicht die des Sohnes August" (LM, 45), was aber seine eigene Schuld sei, denn er selbst habe jahrelang „geduldet, mitgemacht, verschuldet" (LM, 187), dass sie sich so fühle. Selbstverständlich beanspruchte Ottilie die Position der ersten Frau im Hause, die sonst Goethes Ehefrau zugekommen wäre, aber das wurde von ihr erwartet. Wenn ihr auch der Haushalt Mühe bereitete, ihre Repräsentationspflicht als Hausherrin erfüllte sie mit Bravour und zur vollsten Zufriedenheit des Schwiegervaters.[101] Natürlich werden ihr die Gerüchte über Goethes Marienbader-Flirt Sorgen bereitet haben, vermutlich hätte sie ihre Vormachtstellung am Frauenplan nur ungern aufgegeben, zu einem Streit wird es aber nicht gekommen sein. Das Verhältnis Ottilies zu Goethe war einerseits liebevoll vertraut, andererseits aber auch voller Hochachtung und Dankbarkeit gegenüber dem Dichter. Beschimpfungen, wie Walser sie ihr vorwirft, hätte sie dem Schwiegervater wohl niemals an den Kopf geworfen. (Vgl. LM, 188) Einem Brief, den sie Goethe ein Jahr nach ihrer Heirat zum Geburtstag schrieb, entnimmt man ihre tiefe Zuneigung ihm gegenüber:

> Darum ermüden Sie nicht, bester Vater, zu hören, daß ich Sie so sehr liebe und verehre und dies Gefühl mir so verwebt ist, daß ich kaum begreifen kann, daß es eine Zeit gegeben, wo ich Ihnen noch nicht so nahe stand wie jetzt. Daß Ihre Güte es ist was mich diese Zeit so ganz vergessen läßt, und mir den Wahn giebt als hätte ich Ihnen von dem ersten Augenblick meines Lebens als Tochter angehört, wird jeder verstehen, der Augenzeuge war, wie viel Liebe sie mir bewiesen.[102]

Ähnlich müssen auch seine Gesinnungen ihr gegenüber gewesen sein, wie unzählige Briefe an sie beweisen. Als sie ihn beispielsweise 1818 brieflich bat, Ulrike vorübergehend im Haus am Frauenplan beherbergen zu dürfen, antwortete er herzlich:

> Dein ausführliches Schreiben, meine liebe Tochter, hat mir sehr viel Vergnügen gemacht und ich erwidere dir sogleich einiges in Hoffnung euch bald wieder zu sehen. Wenn du das Schwesterchen einige Zeit bey dir beherbergen willst, so wird

---

[100] Franz Grillparzer: Aus seiner Selbstbiographie vom 2. Oktober 1826. In: Goethe. Seine äußere Erscheinung. Literarische und künstlerische Dokumente seiner Zeitgenossen. Hrsg. von Emil Schaeffer und Jörn Göres. Frankfurt, Leipzig: Insel 1999. (= insel taschenbuch. 2275.) S. 36f.

[101] Vgl. Rahmeyer, Ottilie, S. 104.

[102] Ottilie von Goethe: Brief an Goethe vom 28. August 1818. In: Aus Ottilie von Goethes Nachlaß, Oettingen, S. 41.

> es mir sehr erfreulich seyn, besonders wenn es in die Zeit fällt, wo ich auch zu Hause bin; da wir uns denn, wie ich hoffe, recht gut vertragen werden.[103] (WA IV/29, 204)

Auch die Briefe aus Marienbad, über die im letzten Kapitel dieser Arbeit noch gesprochen wird, zeugen von einer innigen Beziehung der beiden. Goethe zieht darin die Schwiegertochter stärker ins Vertrauen als den eigenen Sohn. Ottilie war 1823 erfüllt von einer heftigen Liebe zu dem jungen Iren Charles James Sterling, der Goethe einen Brief von Lord Byron überbracht hatte.[104] Goethe drückte seine Zustimmung zu dieser Liaison, wohl nicht ganz uneigennützig, in einem Brief vom 18. August, also in der Zeit seiner eigenen Verliebtheit, aus:

> Ich freute mich schon, als August mir von seinem guten Willen gegen Sterling schrieb; vom ersten Augenblicke an war ich ihm geneigt, und daß er sich so in uns alle hereinfügt, ist mir eine wahre Lust. Verzeihung! – aber das Zusammenseyn so guter verständiger und geistreicher Menschen, als wir sind, war mitunter so stockend als möglich, zu meiner Verzweiflung; es fehlte ein Drittes oder Viertes, um den Kreis abzuschließen. (WA IV/37, 175)

Bei Walser hingegen betont Goethe, dass Ottilie dem 18-Jährigen auf peinliche Weise nachlaufen, sie aber keinerlei Verständnis für seine Verliebtheit aufbringen würde. (Vgl. LM, 233) Es ist zutreffend, dass Goethe Ottilies „Treiben" gegenüber Kanzler von Müller während seiner Krankheit im November als „hohl" und „leer" bezeichnete, „es sei weder Leidenschaft, Neigung noch wahres Interesse" darin, allerdings bezog sich das explizit auf ihre Liaison mit Sterling und nicht auf sie als Person.[105] Es gibt keine Belege dafür, dass er sie für „lieblos" und „wirkungssüchtig" hielt. (LM, 240) Eine Kritik an ihrer Person hört man jedoch aus einem Brief Goethes an Zelter Anfang 1824, der in einer Zeit verfasst wurde, als die Erinnerung an Ulrike noch ganz frisch gewesen sein muss. Ottilies aufgewecktes und unruhiges Wesen, zu dem wohl auch ihre Schilddrüsenüberfunktion beige-

---

103 Johann Wolfgang von Goethe: Werke. Weimarer Ausgabe. Hrsg. im Auftrage der Großherzogin Sophie von Sachsen. IV. Abt.: Goethes Briefe. Bd. 1-50. Weimar: Böhlau 1887-1912, Bd. 29, S. 204. In der Folge zitiert im fortlaufenden Text mit der Sigle „WA IV", sowie der jeweiligen Band- und Seitenzahl in Klammern.

104 Vgl. Rahmeyer, Ottilie, S. 127ff.

105 Kanzler Friedrich von Müller: Aufzeichnung von Montag 17. November. In: Ders.: Unterhaltungen mit Goethe. Hrsg. von Renate Grumach. Weimar: Böhlaus Nachfolger 1982, S. 104.

tragen hat, stand in drastischem Gegensatz zu Ulrikes besonnener, stiller Natur.

> Ottilie wes't nun in Berlin und wird es von Stunde zu Stunde treiben bis sie von Zeit zu Zeit pausiren muß; vielleicht gibt ihr das erreichte Ziel, wieder durch's Brandenburger Thor eingefahren zu seyn, wenigstens einige Milderung der Hast ohne die man sie freylich kaum denken kann. Du [Zelter] thust ihr, weiß ich, alles zur Liebe; das Beste kann freylich nicht ohne Aufregung ihres aufgeregten Wesens geschehen. (WA IV/38, 12)

Insgesamt hat die Figur der Ottilie in Walsers Roman die primäre Funktion, Ulrikes Vorzüge noch stärker zu betonen, sie dient ihm als Antagonistin der Heldin, was er preisgibt, indem er schreibt, von ihr „könnte sein Schwiegertöchterchen Ottilie etwas lernen" (LM, 44).

3.3 Die oberen Zehntausend

3.3.1 Carl August – Fürst und Freund

„Du sorgest freundlich, mir den Pfad / Mit Lieblingsblumen zu bestreun. / Still tätig danke dir mein Leben / Für alles Gute, was du mir erzeigt. / Fügst du dazu die Sorge für dich selbst, / So geh' ich ohne Wünsche fröhlich hin; / Denn nur gemeinsam Wohl beglückt Verbundene. //", hielt Goethe in seinem Gedicht *An Herzog Carl August* fest.[106] Dieser wurde als Sohn von Ernst August II., Herzog von Sachsen-Weimar-Eisenach und seiner Frau Anna Amalia, einer Prinzessin von Braunschweig-Wolfenbüttel, am dritten September 1757 geboren. Nach dem frühen Tod seines Vaters, nur ein Jahr später, übernahm Anna Amalia stellvertretend für ihren Sohn die Regentschaft des kleinen Herzogtums. Eine ihrer besonderen Leistungen war der Ausbau und die Erweiterung der Bibliothek, die heute ihren Namen trägt. Daneben galt ihre Liebe der Kunst, neben der Musik vor allem auch der Literatur, und sie war bemüht, renommierte wie auch junge Künstler an ihren Hof zu locken. Es gelang ihr, Christoph Martin Wieland und wenig später auch Karl Ludwig von Knebel als

106 Goethe Gedichte, Trunz, S. 120.

Prinzenerzieher nach Weimar zu holen, womit sie den Grundstein für den ‚Weimarer Musenhof' legte.[107]

Der junge Carl August setzte es sich in den Kopf, den Autor des *Götz von Berlichingen* und des *Werther* kennenzulernen, was Knebel vermittelte. Er war von Goethe beeindruckt und lud ihn kurzerhand zu sich nach Weimar ein. Goethe, der aus Frankfurt und seinem Elternhaus fliehen wollte, war einverstanden und reiste am siebten November 1775 nach Weimar. Goethe hatte keineswegs geplant, den Rest seines Lebens in dieser beschaulichen Residenzstadt zu verbringen, und so war Carl August bemüht, ihn mit etlichen Annehmlichkeiten dauerhaft an den Hof zu binden. Zu einem beachtlichen Gehalt schenkte er ihm 1776 das Gartenhaus an der Ilm, welches Goethe begeistert bezog, und schließlich trugen auch neue Bekanntschaften, wie die mit Charlotte von Stein, zur Verlängerung seines Aufenthalts bei. Ab 1777 wurde Goethe zunehmend in politische Ämter eingeführt, neben der Zuständigkeit für das Ilmenauer Bergwerk, wurde er mit militärischen Belangen, der Finanzverwaltung, der Wegebaudirektion und außenpolitischen Missionen betraut.[108]

Carl August und Goethe verband neben ihrer Arbeit bald auch eine tiefe Freundschaft und der um acht Jahre ältere Dichter war bemüht, seinem jungen Landesherrn in allen Angelegenheiten beizustehen. Dieser hatte kein einfaches Erbe angetreten, Reformen und Verbesserungen mussten möglichst rasch gefunden werden, wobei die heikle Finanzlage die wohl komplexeste Herausforderung darstellte. Gemeinsam fand man Lösungen, die immer auch dem Volk entgegen kommen sollten. Daneben half Goethe Carl August auch dabei, seine persönliche Sturm-und-Drang-Phase zu überwinden und vermittelte zudem häufig in der Ehe zwischen ihm und Luise von Hessen-Darmstadt, die an Carl Augusts häufigen Affären zu zerbrechen drohte. Aus politischer Sicht war die Regierungszeit Carl Augusts überaus diffizil, Kriege und Schlachten mussten geführt und zum Teil auch verloren werden. Die schwerste Niederlage war jene 1806 gegen die napoleonischen Truppen, welche eine Plünderung Weimars zur Folge hatte. Allein durch den Mut der lebenslang betrogenen Herzogin Luise, die Napoleon entgegentrat und um die Schonung ihrer Stadt bat, konnte das Schlimmste verhindert werden. Im

107 Vgl. Norbert Oellers; Robert Steegers: Weimar. Literatur und Leben zur Zeit Goethes. 2. Aufl. Stuttgart: Reclam 2009. (= Reclam Taschenbuch. 20182.) S. 18ff.

108 Vgl. Oellers, Weimar, S. 27ff.

Wiener Kongress 1815 ernannte man Carl August zum Großherzog und verdoppelte seine Besitztümer. Als er im Juni 1828 völlig unerwartet tot zusammenbrach, verlor Goethe neben seinem Fürsten auch einen jahrzehntelangen Freund, über den er einmal gedichtet hatte: „[...] Er war mir August und Mäcen“[109]. Auf den Thron folgte ihm sein ältester Sohn Carl Friedrich.[110]

Neben der Brautwerbung kommt Carl August in Walsers Roman keine bedeutsame Rolle zu, wenngleich mehrmals die besondere Beziehung zwischen ihm und Goethe hervorgehoben wird. (Vgl. LM, 21/109) Die endgültige Entscheidung, ob Ulrike ein Antrag gemacht werden soll, überlässt Goethe dem Großfürsten und legt damit sein Glück vertrauensvoll in dessen Hände. (Vgl. LM, 110) Carl August steht unbeirrbar hinter seinem Hofdichter und fügt dem Antrag noch großzügige Boni als Anreize für die junge Braut und ihre Mutter hinzu. (Vgl. LM, 115f) Die Gründe, die den Herzog dazu veranlasst haben könnten, Goethes Werbung zu unterstützen, sind vielfältig. Während Richard Friedenthal zwischen Bosheit und Eigennutz schwankt,[111] meint Johannes Urzidil, er wäre sich vermutlich einer positiven Aufnahme durch die Mutter Ulrikes relativ sicher gewesen.[112]

3.3.2 Der Graf Saint-Leu - ein Bruder Napoleons

Zu den adeligen Protagonisten im Roman zählt auch Graf Saint-Leu (LM, 38), ihm kommt eine unbedeutende Nebenrolle zu. Wie Walser im Roman bereits erklärt, handelte es sich bei ihm um Louis Bonaparte, einen Bruder Napoleons, mit einer interessanten Lebensgeschichte. Vier Jahre lang saß er als König von Holland auf dem Thron, nach einem Streit mit Napoleon musste er 1810 jedoch abdanken und verbrachte den Großteil seines restlichen Lebens in Italien. Goethe hegte große Sympathien für diesen Mann und wusste

---

109 Goethe Gedichte, Trunz, S. 178f.

110 Vgl. Effi Biedrzynski: Carl August, Herzog. In: Goethe Handbuch. *Personen. Sachen. Begriffe. A-K.* Bd. 4.1. Hrsg. von Hans-Dietrich Dahnke und Regine Otto. Stuttgart, Weimar: Metzler 2004. (= Goethe Handbuch. Hrsg. von Bernd Witte [u. a.]. 4.1.) S. 150-155.

111 Vgl. Richard Friedenthal: Goethe. Sein Leben und seine Zeit. 16. Aufl. München: Piper 2008. (= Serie Piper. 248.) S. 550.

112 Vgl. Urzidil, Böhmen, S. 167.

auch sein poetisches Talent durchaus zu würdigen.[113] Die Tagebucheinträge Goethes beweisen, dass sich der Graf in diesem Sommer tatsächlich in Marienbad aufhielt.[114]

3.3.3 Herzog von Leuchtenberg

Eugène de Beauharnais, wie er von Walser anfangs genannt wird (vgl. LM, 50), stammte aus einer französischen Adelsfamilie und hatte mit Österreich nur als Feind in diversen Schlachten zu tun. (Vgl. LM, 58) Er war der Sohn von Napoleons Frau Josephine und damit der Stiefsohn Bonapartes. Sein leiblicher Vater war 1794 tatsächlich, wie Walser schreibt, ein Opfer der Guillotine geworden. (Vgl. LM, 95) Mit der Unterstützung Napoleons machte er eine beachtliche militärische Karriere, war vorübergehend Vizekönig von Italien, trug den Titel eines Fürsten von Venedig und regierte nach 1817 als Herzog von Leuchtenberg das Fürstentum Eichstätt. Seine Frau Auguste Amalie von Bayern war in der Tat eine Tochter des Königs Maximilian des I. von Bayern.[115] Der Herzog von Leuchtenberg war 1823 Kurgast in Marienberg, Goethe notierte seine Ankunft am 10. Juli (vgl. WA III/9, 75), und in der Tat hatten sich die beiden über den Bau eines Rhein-Donau-Kanals unterhalten. (Vgl. LM, 58) Goethe sprach über dieses gigantische Vorhaben mit Eckermann, nachdem er betrübt die Nachricht von Leuchtenbergs Tod im Februar 1824 erhalten hatte.[116]

3.3.4 Julie von Hohenzollern

Prinzessin Julie von Hohenzollern, die im Roman mehrmals vorkommt (vgl. LM, 50), war eine Tochter des Prinzen Friedrich Franz

---

113 Vgl. Bernhard Suphan: Goethe und der Graf St. Leu. In: Goethe-Jahrbuch 15 (1894), S. 111ff.

114 Vgl. Johann Wolfgang von Goethe: Werke. Weimarer Ausgabe. Hrsg. im Auftrage der Großherzogin Sophie von Sachsen. III. Abt.: Goethes Tagebücher. Bd. 1-15. Weimar: Böhlau 1887-1919, Bd. 9, S. 81. In der Folge zitiert im fortlaufenden Text mit der Sigle „WA III", sowie der jeweiligen Band- und Seitenzahl in Klammern.

115 Vgl. Hans Schmidt: Leuchtenberg, Eugen Herzog von. In: Neue Deutsche Biographie. Bd. 14. Hrsg. von der historischen Kommission bei der Bayerischen Akademie der Wissenschaften. Berlin: Duncker, Humblot 1985, S. 369f.

116 Vgl. Goethes Gespräche. Hrsg. von Woldemar Freiherr von Biedermann. Bd. 1-10. Leipzig: Biedermann 1889-1896, Bd. 5, S. 44f.

Xaver von Hohenzollern-Hechingen, einem bedeutenden Feldmarschall und Kommandeur des Maria-Theresien-Ordens.[117] Sie findet sich in Goethes Aufzeichnungen zu diesem Sommer erst am 27. August in Karlsbad. (WA III/9, 101) Im *Liebenden Mann* vermittelt sie aber bereits in Marienbad ein Treffen zwischen Goethe und einer jungen Frau, Lili Parthey. (Vgl. LM, 81) Dabei muss Walser eine Verwechslung unterlaufen sein, denn diese schrieb in ihren Aufzeichnungen von einer Fürstin, nicht von einer Prinzessin Hohenzollern, bei der sie Goethe begegnet war.[118]

3.4 Enge Freunde Goethes

3.4.1 Carl Friedrich Zelter

Von den Freunden Goethes, die im *Liebenden Mann* vorkommen, muss Carl Friedrich Zelter zweifellos an erster Stelle genannt werden. Zelter, neun Jahre jünger als Goethe, wurde als Sohn eines Handwerkers in Berlin geboren. Nach seinem Wirken als Maurermeister wurde er vor allem als Komponist, Musiklehrer und Freund Goethes bekannt. Er war ein bodenständiger, humorvoller Mensch, voller Ehrlichkeit und Offenheit, Eigenschaften, die nicht nur Goethe an ihm zu schätzen wusste. Zelter verfasste unter anderem Kompositionen zu Gedichten, mit Vorliebe zu denen Goethes, durch welche es ihm gelang, die Verse zu erhöhen, nicht aber zu übertönen. Die Beziehung zu Goethe entwickelte sich aus einer gegenseitigen Achtung heraus und wurde zu einer über 30 Jahre währenden Freundschaft mit insgesamt vierzehn gegenseitigen Besuchen und regem Briefverkehr. Zelters gesellschaftliches Ansehen stieg durch die Bekanntschaft mit Goethe und er dankte es dem Freund, indem er ihn an sämtlichen wissenswerten Geschehnissen in Berlin und sämtlichen relevanten Neuerungen des dortigen Theaters teilhaben ließ. In ihren Briefen verarbeiteten sie gemeinsam viele tragische Ereignisse und

[117] Vgl. Konstant von Wurzbach: Hohenzollern-Hechingen, Friedrich Franz Xaver. In: Ders.: Biographisches Lexikon des Kaiserthums Oesterreich. Bd. 9. Wien: Kaiserlich-königliche Hof- und Staatsdruckerei 1863, S. 211ff.

[118] Vgl. Lili Parthey: Tagebucheintrag vom 23. July [18]23. Zitiert nach: Otto Harnack: Goethe und Lili Parthey. In: Goethe-Jahrbuch 22 (1901), S. 114f.

sprachen sich gegenseitig Mut zu. Zelter starb nur wenige Wochen nach dem Tod seines Freundes.[119]
Walser spielt auf das Talent Zelters zur Vertonung von Gedichten an, indem er Goethe Schuberts Version von *Nur wer die Sehnsucht kennt* kritisieren lässt. Bei ihm würde sich die Musik des Textes bemächtigen, wohingegen bei Zelter der Text in aller Schlichtheit vorgetragen würde. (Vgl. LM, 62) Wenn Zelter auch nicht der einzige Freund Goethes war, wie Walser schreibt (vgl. LM, 82), so war er doch einer seiner engsten. Die Rolle Zelters während Goethes schlimmer Krankheit im Herbst 1823 schildert Walser überaus authentisch, so ähnlich könnte sich diese Begegnung abgespielt haben, wenn auch Zelters Reaktion bei seiner Ankunft in Weimar weitaus weniger gelassen war, als Walser vermittelt:

> Ich stehe noch an der Haustür: soll man etwa wieder gehn? wohnt hier der Tod? Wo ist der Herr? Trübe Augen. Wo ist Ottilie? Nach Dessau. Wo ist Ulrike [von Pogwisch]? Im Bette. Mein Traum fällt mir ein, ich erschrecke. Der Kammerrat kommt: „Vater ist - nicht wohl; krank, recht krank." – Er ist tot! – „Nein, nicht tot, aber sehr krank."[120]

Doch der Berliner Freund hatte eine Medizin im Gepäck, welche kein Arzt der Welt verabreichen hätte können. Mit viel Verständnis, Einfühlungsvermögen und durch das Vorlesen der *Elegie* kurierte er Goethe in wenigen Tagen von seiner schweren Krankheit. Walser muss den Brief Gries' an Abeken kennen, denn er zitiert ihn zum Teil wörtlich. (Vgl. LM, 250f)

> Als Goethe in der Besserung war, schrieb Zelter an Betty Wesselhöft, Goethe habe ein Liebesgedicht gemacht, voll von Gluth, Blut, Muth und Wuth, herrlicher als eins seiner Jugendgedichte. Dieses habe er (Zelter) ihm dreimal hintereinander vorlesen müssen. Endlich habe Goethe gesagt: „Ihr lest gut, alter Herr!" – „Das war ganz natürlich", fügt Zelter hinzu; „aber der alte Narr wußte nicht, daß ich dabei an meine

---

119 Vgl. Edith Zehm: Zelter, Carl Friedrich. In: Goethe Handbuch. *Personen. Sachen. Begriffe. L-Z.* Bd. 4.2. Hrsg. von Hans-Dietrich Dahnke und Regine Otto. Stuttgart: Metzler 2004. (= Goethe Handbuch. Hrsg. von Bernd Witte [u. a.]. 4.2.) S. 1213ff.

120 Carl Friedrich Zelter: Brief an Goethe (426). In: Der Briefwechsel zwischen Goethe und Zelter. Bd. 2. Hrsg. von Max Hecker. Leipzig: Insel 1915, S. 258.

eigene Liebste gedacht hatte." - Das sind doch noch ein paar alte Herren, wie sie sein sollen![121]

3.4.2 Karl Ludwig von Knebel

Karl Ludwig von Knebel, im *Liebenden Mann* nur einmal erwähnt (vgl. LM, 175), war beinahe sechs Jahrzehnte lang mit Goethe befreundet. Der 1744 geborene Sohn eines Beamten kam, wie bereits erwähnt, als Prinzenerzieher an den Weimarer Hof und war an Goethes Berufung dorthin nicht unbeteiligt. Vor allem in den ersten zehn Jahren zählte er zu Goethes engsten Vertrauten. Während Goethes Italienaufenthalt wurde er gewissermaßen zu dessen Stellvertreter und vorübergehend zu Carl Augusts Berater. Nach seiner Heirat mit einer Mätresse des Herzogs verschlechterte sich diese Beziehung allerdings rapide und er wich für einige Jahre nach Ilmenau aus. Nach seiner Rückkehr nach Jena im Jahr 1804 intensivierte sich das Verhältnis zu Goethe wieder und es gab diverse gemeinsame Projekte. Der Briefwechsel der beiden Literaten umfasst mehr als 700 Stücke und ist ein Zeugnis für Knebels schriftstellerisches Schaffen. Knebel überlebte Goethe um zwei Jahre und erreichte ein damals fast biblisches Alter von 90 Jahren.[122]

3.4.3 Kanzler von Müller

Das Verhältnis Goethes zu Kanzler von Müller ist in Walsers Roman ausgesprochen vertrauensvoll. Als er Angst hat, gewissen Menschen in seinem Umfeld zu viel über seine Gefühlslage zu verraten, da er fürchtet sie seien von Ottilie und August bestochen worden und könnten ihn verraten, hegt er einzig gegenüber Kanzler von Müller keine Zweifel. Ihm hätte er „Sätze gesagt", die als „Geständnisse" aufgefasst und jederzeit „gegen" ihn „verwendet werden könnten". (LM, 194) Dieses Vertrauensverhältnis hat tatsächlich bestanden, und obwohl er es sich insgesamt versagte, allzu häufig über Ulrike zu

---

121 Johann Diederich Gries: Brief an Bernhard Rudolf Abeken vom 2. Januar 1824. Zitiert nach: Hans Gerhard Gräf: Goethe im Briefwechsel zweier Freunde. In: Jahrbuch der Goethe-Gesellschaft 5 (1918), S. 249ff.

122 Vgl. Regine Otto: Knebel, Karl Ludwig von. In: Goethe Handbuch, Bd. 4.1, S. 613-616.

sprechen, so erwähnte er sie doch mehrmals gegenüber dem Kanzler. In den Gesprächen vom 23. und 25. September, sowie in dem vom 2. Oktober, kam sie in der einen oder anderen Weise direkt beziehungsweise indirekt vor.[123] Doch wer war dieser vornamenlose Kanzler von Müller? Friedrich von Müller begann seine diplomatische Karriere für den Herzog von Weimar nach seinem Jurastudium im Jahr 1801. Vierzehn Jahre später wurde er Chef der Justiz und half bei der Verwaltungsreform mit. Nach 1808 entwickelte sich ein inniges Verhältnis zwischen ihm und Goethe, welches Müller in seinen *Unterhaltungen mit Goethe* dokumentierte. Das Vertrauen Goethes in den um dreißig Jahre jüngeren Freund ging so weit, dass er ihn nach seinem Tod als Testamentsvollstrecker einsetzte.[124]

3.5 Die Mitarbeiter

3.5.1 Carl Wilhelm Stadelmann

Über Goethes rechte Hand Stadelmann stolpert der Leser des *Liebenden Mannes* relativ häufig, ohne jedoch allzu viel über ihn zu erfahren. Stadelmann wurde 1782 in Jena geboren. Als er 1814 seinen Dienst bei Goethe antrat, war er bereits 32 Jahre alt, hatte eine Ausbildung als Buchdrucker hinter sich und auch längst Erfahrungen als Diener gesammelt. Die primäre Aufgabe Stadelmanns bestand darin, seinem Herrn die lästigen Alltagssorgen abzunehmen und ihm einen reibungslosen Tagesablauf zu garantieren. Von Beginn an begleitete er Goethe häufig auf seinen Reisen und wurde ihm bald zu einem engen Vertrauten. Der Dichter bildete ihn zum Hilfsmineralogen aus, schulte ihn in der Beobachtung geologischer Formationen und verstand es, damit seine Begeisterung für das Sammeln von Mineralien zu wecken. Mit der Pflege der Gärten, die zuvor Christiane erledigt hatte, betraute er den geschickten und lernfähigen Diener ebenso wie mit der Herstellung aller möglichen Gipsabdrücke. Stadelmann stand Goethe auch während seiner schlimmen Krankheiten im Jahr 1823 bei, und es fiel seinem Arbeitgeber gewiss nicht leicht, ihn 1824 zu entlassen. Die wiederkehrenden Alkoholexzesse hatten das jedoch unvermeidbar gemacht und nach dem Tod seiner Frau landete der langjährige

---

123 Vgl. Goethes Gespräche, Biedermann, Bd. 8, S. 271, 276, 285.

124 Vgl. Renate Grumach: Müller, Friedrich von. In: Goethe Handbuch, Bd. 4.2, S. 719f.

Diener im Armenhaus Jena, wo er Jahre später Selbstmord beging.[125] Walser schreibt, dass Stadelmann Haare seines Herrn verkauft (vgl. LM, 166), einen Beleg dafür liefert Schleif in Form eines Briefes Stadelmanns an einen potenziellen Käufer.[126]

3.5.2 Goethes Schreiber

Als „Schreiber John" taucht Johann August Friedrich John in Walsers Geschichte mehrmals auf. (LM, 28) Dieser war wie Stadelmann ab 1814 in Goethes Diensten und der erst 20-Jährige konnte ganz nach Goethes Vorstellungen als Sekretär ausgebildet und geformt werden. Fast alle Dichtungen, Studien, Briefe und Aufzeichnungen des alten Goethe wurden von John verfasst. Nach 1819 nutzte Goethe ihn zudem als Schreiber und Kopisten in der Fürstlichen Bibliothek. John war daneben, als Sohn eines Stubenmalers, äußerst geschickt im Malen und Zeichnen, was seinem Dienstherrn überaus gelegen kam. Nach dem Tod Carl Augusts durfte John den trauernden Poeten in das Renaissanceschloss nach Dornburg begleiten und auch die Haushaltsführung der letzten Jahre lag zum Großteil in seinen Händen. Goethe schätzte den ruhigen und geduldigen Mann und ließ ihn nicht selten an seinem Tisch Platz nehmen, was als besondere Ehre galt. John war bis zum letzten Atemzug an der Seite seines Herrn und erhielt danach eine Anstellung als Kopist in der Landesregierung.[127]

3.5.3 Johann Peter Eckermann – Leben um zu dienen

Johann Peter Eckermann trat erst 1823 in Goethes Leben und wird vielleicht auch deshalb von Walser nur an einer Stelle erwähnt. (Vgl. LM, 189) Darüber hinaus widmete Walser ihm, wie in der Einleitung erwähnt, mit *In Goethes Hand* bereits 1982 ein eigenes Drama. Eckermanns Leben gestaltete sich aber auch tatsächlich überaus spannend. Aus ärmlichen Verhältnissen stammend, musste er sich sein Recht auf Bildung hart erkämpfen. Er verehrte Goethes Dichtung und war schon früh davon besessen, den Dichter des *Faust* persönlich ken-

---

125 Vgl. Walter Schleif: Goethes Diener. Berlin, Weimar: Aufbau 1965. (= Beiträge zur Deutschen Klassik. Hrsg. von Helmut Holtzhauer. 17.) S. 167ff.

126 Vgl. ebda, S. 172.

127 Vgl. Schleif, Diener, S. 197ff.

nenzulernen. Nachdem er ihm einige seiner Gedichte zur Beurteilung gesandt hatte, entschloss er sich nach Weimar zu gehen und bei Goethe vorzusprechen. Dieser lobte seine Arbeit und legte ihm nahe, in seiner Umgebung zu bleiben, um von ihm lernen zu können, was Eckermann mit Freuden annahm.[128] Nach Goethes Rückkehr aus Böhmen wurde der neue Mitarbeiter, der nur gelegentlich Zahlungen für seine Dienste erhielt, mit immer mehr Aufgaben betraut. Goethes Anerkennung und sein Vertrauen waren Eckermann wichtiger als finanzielle Mittel und immerhin verlieh ihm die Universität Jena, auf Goethes Empfehlung, das Doktordiplom für Philosophie. Für eigene Publikationen fand Eckermann wenig Zeit, allerdings begann er die mit Goethe geführten Gespräche aufzuzeichnen, was diesem durchaus recht war. Daneben profilierte er sich als geistreicher Gesprächspartner und drängte Goethe sanft aber bestimmt zur Vollendung der *Wanderjahre* und des *Faust II*. Ab 1829 arbeitete er in der Redaktion der literarischen Zeitung Ottilies mit und durfte ein Jahr später August von Goethe nach Italien begleiten.[129] Eckermann litt sehr unter Goethes Tod, zumal darauf weitere familiäre Schicksalsschläge folgten. Bis 1842 arbeitete er an Goethes Nachlass und begann seine eigenen Aufzeichnungen zu publizieren. Weitere Versuche eigener Dichtungen scheiterten und so geriet er zunehmend in finanzielle Schwierigkeiten. Am Ende seines Lebens war Eckermann krank, einsam und verarmt und wurde nach seinem Tod 1854 in der Nähe von Goethe beerdigt.[130]

3.6 Freunde in Böhmen

3.6.1 Kriminalrat Grüner

„Die Welt ist so leer, wenn man nur Berge, Flüsse und Städte darin denkt, aber hie und da jemand zu wissen, der mit uns übereinstimmt, mit dem wir auch stillschweigend fortleben, das macht uns dieses Er-

---

[128] Vgl. Viola Geyersbach: Ausgang und Traum des Johann Peter Eckermann. In: Johann Peter Eckermann. Leben im Spannungsfeld Goethes. 2. Aufl. Hrsg. im Auftrage der Stiftung Weimarer Klassik vom Goethe-Nationalmuseum. Weimar: Böhlaus Nachfolger 1995. (= Edition Weimarer Klassik.) S. 19ff.

[129] Vgl. Egon Freitag; Viola Geyersbach: Der Prozeß des Hörens und Schreibens. Eckermanns Leben mit Goethe 1823 bis 1832. In: Johann Peter Eckermann, S. 41ff.

[130] Vgl. Egon Freitag: Das Gespräch. Lebensstationen Johann Peter Eckermanns 1832 bis 1854. In: Johann Peter Eckermann, S. 81ff.

denrund erst zu einem bewohnten Garten"[131], lässt Goethe Therese im *Wilhelm Meister* bemerken und auch er selbst hatte Freunde und Bekannte an vielen Orten der Erde. Einer von ihnen war Josef Sebastian Grüner aus Eger. Dieser hatte das Studium der Rechtslehre in Prag absolviert und wurde nach seiner Rückkehr als Kriminalrat und Chef der hiesigen Polizei eingesetzt. Grüner hegte großes Interesse an den Sitten, Bräuchen und Trachten seiner böhmischen Heimat, was ihn ebenso mit Goethe verband, wie seine Begeisterung für die Mineralogie. Die beiden begegneten sich 1820 als Goethe in Eger abgestiegen war. Damals hatte er in der „Goldenen Sonne" gewohnt, die bei Walser zum „Gasthof Sonne" (LM, 130) wird. Rasch entdeckten sie ihre gemeinsamen Interessen und wurden zu guten Freunden und Partnern auf der Suche nach seltenen Steinexponaten. Bis 1823 war Goethe mehrmals Gast in Grüners Haus, wo er mit seinen vier Kindern spielte und sich über die Ergebnisse von Grüners volkskundlichen Studien informieren ließ. Umgekehrt durfte Grüner mit seinem Sohn bei ihrem Besuch in Weimar 1825 in Goethes Studierzimmern logieren. Nachdem Goethe entschieden hatte, nicht wieder nach Böhmen zu reisen, blieben er und Grüner in ständigem brieflichem Kontakt, der bis zum Tod Goethes andauerte.[132]

3.6.2 Graf Kaspar von Sternberg

Von Graf Sternberg hörte Goethe zum ersten Mal 1820 in Marienbad durch Doktor Heidler und andere Naturwissenschaftler, doch bis er ihn endlich kennenlernen sollte vergingen noch zwei lange Jahre. Sternberg entstammte dem böhmischen Adel und übernahm nach seinem Studium der Theologie die Verwaltung der Familienbesitzungen. Er widmete sich zunehmend der Erforschung der urzeitlichen Pflanzenwelt, seine Abhandlung *Flora subterranea* beschäftigte Goethe nachhaltig. Wie der große Dichter hatte auch Sternberg einige Zeit in Italien verbracht und sich dabei mit den selben Künstlern wie Goethe angefreundet. So ging ihnen der Gesprächsstoff weder in den vielen Briefen noch bei ihren Zusammentreffen, Sternberg besuchte Goethe dreimal in Weimar, jemals aus. 1822 wohnten beide im ‚Palais Klebelsberg' und verbrachten viel Zeit miteinander. (Vgl. LM, 9f)

131 Johann Wolfgang von Goethe: Wilhelm Meisters Lehrjahre. Wilhelm Meisters Wanderjahre. Düsseldorf, Zürich: Patmos 2005, S. 397.

132 Vgl. Urzidil, Böhmen, S. 423ff.

Goethe soll tatsächlich zu Frau von Levetzow gesagt haben, er und der Graf hätten den Donnersberg jeder von einer anderen Seite bestiegen, was aber nur metaphorisch gemeint sein konnte, denn Urzidil betont, dass Goethe niemals auf diesem Berg war. Wie auch immer, Sternberg war ein hoch geschätzter Altersfreund Goethes und ihr Briefverkehr legt Zeugnis ab über viele naturwissenschaftliche Beobachtungen und Erkenntnisse. Der um zehn Jahre jüngere Naturwissenschaftler verfasste insgesamt vierundsiebzig Veröffentlichungen und lebte nach Goethes Tod zurückgezogen auf seinem Schloss Březina.[133]

3.7 Kunst und Medizin

3.7.1 Madame Szymanowska

Aussöhnung

Die Leidenschaft bringt Leiden! – Wer beschwichtigt
Beklommnes Herz, das allzuviel verloren?
Wo sind die Stunden, überschnell verflüchtigt?
Vergebens war das Schönste dir erkoren!
Trüb' ist der Geist, verworren das Beginnen;
Die hehre Welt, wie schwindet sie den Sinnen!

Da schwebt hervor Musik mit Engelschwingen,
Verflicht zu Millionen Tön' um Töne,
Des Menschen Wesen durch und durch zu dringen,
Zu überfüllen ihn mit ew'ger Schöne:
Das Auge netzt sich, fühlt im höhern Sehnen
Den Götterwert der Töne wie der Tränen.

Und so das Herz erleichtert merkt behende,
Daß es noch lebt und schlägt und möchte schlagen,
Zum reinsten Dank der überreichen Spende
Sich selbst erwidernd willig darzutragen.
Da fühlte sich – o daß es ewig bliebe! –
Das Doppelglück der Töne wie der Liebe.[134]

---

133 Vgl. Urzidil, Böhmen, S. 439ff.

134 Goethe Gedichte, Trunz, S. 385f.

Dieses Gedicht, das Goethe in der Folge als Abschluss seiner Gedichtreihe *Trilogie der Leidenschaft* verwendete, verfasste er für die polnische Klaviervirtuosin Maria Agata Szymanowska, noch vor der Entstehung der *Elegie*, in Marienbad. In seinem Tagebuch vermerkte er am vierzehnten August 1823 erstmalig „Madame Szymanowska", am siebzehnten dann „Die Gedichte für Madame Szymanowska weitergeführt" und am achtzehnten schließlich „Gedichte in die zwey Albums vollbracht und geschrieben. Madame Szymanowska besuchte mich. Neugierig auf den Inhalt des Albums". (WA III/9, 93ff) Szymanowska war eine erfolgreiche Pianistin und komponierte mehr als 100 eigene Stücke. Nach ihrem Klavierstudium in Warschau tourte sie durch Russland und Europa, wo sie private und öffentliche Aufführungen gab. Sie starb noch vor Goethe im Juli 1831.[135] In Walsers Roman tritt Szymanowska erst bei ihrem Besuch in Weimar auf, wie nahe ihm diese Begegnung jedoch bereits im Sommer in Marienbad gegangen war, erkennt man einerseits an dem Gedicht und andererseits auch in einem Brief an Ottilie:

> Madame Szymanowska, ein weiblicher Hummel mit der leichten polnischen Facilität, hat mir diese letzten Tage höchst erfreulich gemacht; hinter der polnischen Liebenswürdigkeit stand das größte Talent gleichsam nur als Folie oder, wenn du willst, umgekehrt. Das Talent würde einen erdrücken, wenn es ihre Anmuth nicht verzeihlich machte. (WA IV/37, 174ff)

Vor allem die dritte Strophe des Gedichts verleitet zu der Annahme, Goethe hätte zu diesem Zeitpunkt seine Leidenschaft zu Ulrike bereits überwunden, allerdings folgte nach diesen Versen ein weitaus intensiverer gemeinsamer Aufenthalt in Karlsbad, der das ursprüngliche Gefühl nicht nur zurückbrachte, sondern noch vertiefte. Dennoch spricht aus diesen Zeilen auch eine innige Zuneigung gegenüber der schönen Künstlerin, welche Kanzler von Müller zu der Annahme veranlasste, dass „seine [Goethes] Leidenschaft für Ulrike Levezow wenigstens nicht exklusiv"[136] gewesen sei.

---

[135] Vgl. Zofia Chechlińska: Szymanowska, Maria Agata. In: The New Grove Dictionary of Music and Musicians™. 2. Aufl. Hrsg. von Stanley Sadie und John Tyrrell. Bd. 24. London: Macmillan 2001, S. 892f.

[136] Goethes Gespräche, Biedermann, Bd. 4, S. 276.

3.7.2 Anna Paulina Milder-Hauptmann

Neben der Polin verschönte ihm noch eine weitere Künstlerin den Kuraufenthalt im Sommer 1823. Die Sopranistin Anna Paulina Milder-Hauptmann, 1785 in Konstantinopel geboren, kam im Alter von zehn Jahren nach Wien, wo sie eine Gesangsausbildung bei Giuseppe Tomaselli und Antonio Salieri erhielt. Ihre erste Rolle sang sie als Juno in *Der Spiegel von Arkadien* am Theater an der Wien. Ob Beethoven sie tatsächlich dankbar bewunderte ist nicht verifizierbar (vgl. LM, 150), fest steht jedoch, dass sie die Rolle der Leonore in seiner Oper *Fidelio* sang und auch, dass Napoleon ihrem Gesang auf Schloß Schönbrunn lauschte. 1810 heiratete Milder einen reichen Wiener Juwelier, mit dem sie eine gemeinsame Tochter hatte. Ihre weiteren beruflichen Verpflichtungen führten sie nach Berlin, Kopenhagen und St. Petersburg, bevor sie 1838 in Berlin starb.[137]

3.7.3 Dr. Wilhelm Rehbein

Wenn der berühmte Weimarer Dichter nicht durch die Musik, wie im Falle Szymanowskas beziehungsweise Milders, und auch nicht durch die Dichtung, wie im Spätherbst durch die wiederholte Rezitation der *Elegie*, geheilt werden konnte, so nahm auch er die Künste der Ärzte in Anspruch. Goethe als Patient forderte laut Frank Nager von seinen Hausärzten in erster Linie einen „[w]eiten Horizont, großen Atem, Universalität und vielseitig gebildete Ganzheit“[138]. In Walsers Roman kommen zwei Ärzte Goethes, Rehbein und Heidler, vor. Doktor Wilhelm Rehbein war seit 1816 „Hofmedicus“ (WA III/8, 76) in Weimar und seit 1817 auch Goethes Hausarzt. Er durchlebte mit dem Dichter zwei lebensgefährliche Krisen und stand dementsprechend hoch in dessen Gunst. Goethe beschrieb ihn als „geschickten und sorgsamen Arzt“ (WA IV/28, 1) und war äußerst betroffen vom raschen Tod Rehbeins im Dezember 1825.[139] Die Beziehung zwischen ihnen war freundschaftlich, und der Arzt war ein häufiger und

---

[137] Vgl. Konstant von Wurzbach: Milder-Hauptmann, Anna. In: Ders.: Biographisches Lexikon des Kaiserthums Oesterreich. Bd. 18. Wien: Kaiserlich-königliche Hof- und Staatsdruckerei 1868, S. 308f.

[138] Frank Nager: Der heilkundige Dichter. Goethe und die Medizin. Düsseldorf, Zürich: Artemis 1999, S. 199.

[139] Vgl. Manfred Wenzel: Goethe und die Medizin. Selbstzeugnisse und Dokumente. Frankfurt, Leipzig: Insel 1992. (= insel taschenbuch. 1350.) S. 113.

gern gesehener Gast in Goethes Haus (vgl. WA III/9, 179), dass er allerdings „viele Stunden an Christianes Sterbebett verbracht" (LM, 25) hatte, ist auszuschließen. Sigrid Damm forschte in ihrer sehr fairen Biographie über Christiane von Goethe nach Menschen, die an deren Sterbebett gewacht haben könnten, jedoch ohne belegbare Ergebnisse. Sie bezieht sich auf Goethes Aufzeichnungen, wenn sie schreibt, Rehbein sei während der Dauer ihrer Krankheit nur einmal zur Visite erschienen.[140] Darüber hinaus war Fräulein von Gravenegg nicht, wie Walser schreibt (vgl. LM, 25), die vierte Ehefrau Rehbeins, sondern die dritte.[141] Woran der Arzt schließlich selbst starb, ist unklar, jedenfalls ging es sehr schnell. Am 25. Dezember 1825 erwähnt Goethe in seinem Tagebuch eine „[b]eunruhigende Krankheit des Hofrath Rehbein" und nur fünf Tage darauf „Hofrath Rehbein war leider im Sterben", was für Goethe einen schweren Verlust bedeutete. (WA III/10, 138ff)

3.7.4 Dr. Heidler

Doktor Karl Joseph Heidler, „ein gar verständiger, lieber junger Mann" (WA III/7, 166), betreute Goethe während seiner drei Aufenthalte in Marienbad.[142] Da Heidler Goethes Interesse an der Mineralogie teilte, fand zwischen den beiden auch darüber ein häufiger Austausch statt. (Vgl. WA III/7, 167) Im *Liebenden Mann* hat der junge Mediziner nur einen marginalen ‚Gastauftritt'. Nachdem Ulrike Marienbad in Richtung Karlsbad verlassen hat und vorerst ungewiss bleibt, ob und wann Goethe sie wiedersehen wird, plagen den verliebten Dichter Herz- und Atembeschwerden. Der herbeigerufene Doktor Heidler kann zumindest die akuten Symptome mit Hilfe eines Aderlasses lindern. (Vgl. LM, 122) In Goethes historischen Tagebuchaufzeichnungen wird der junge Arzt in den Jahren zwischen 1820 und 1823 häufig erwähnt, was auf ein freundschaftliches Verhältnis hinweist, und auch brieflich standen die beiden nachweislich miteinander in Kontakt. (Vgl. WA IV/33, 98f)

---

140 Vgl. Sigrid Damm: Christiane und Goethe. Eine Recherche. Frankfurt, Leipzig: Insel 2001. (= insel taschenbuch. 2800.) S. 504.

141 Information aus einem persönlichen E-Mail von Frau Schäfer, Klassik Stiftung Weimar.

142 Vgl. Wenzel, Goethe, S. 111.

4. Goethe in den „böhmischen Zauberkreisen“ (WA IV/37, 197)

In diesem Kapitel sollen nun die Fakten zu Goethes Aufenthalten in Marienbad beziehungsweise Karlsbad akkumuliert und Walsers Roman gegenübergestellt werden. Als historische Quellen dienen vor allem Goethes und Ulrikes persönliche Aufzeichnungen über diese Zeit, allerdings ergeben sich damit mehrere Probleme. Goethes Tagebucheinträge sind einerseits relativ komprimiert und zudem andererseits auch noch in verschlüsselter Form verfasst. Viele, vor allem emotional prekäre Begegnungen und Geschehnisse notierte Goethe meist nur in Stichworten oder Chiffren, deren Sinn sich ihm allein erschließen sollte. Die Interpretation dieser Notizen gestaltet sich dementsprechend diffizil und muss mit Bedacht erfolgen. Ulrikes Aufzeichnungen hingegen entstanden in einem großen zeitlichen Abstand zu den Ereignissen in Marienbad, vermutlich irgendwann vor 1887[143]. Ob oder inwiefern die Erinnerungen der über 80-Jährigen zu diesem Zeitpunkt noch authentisch waren, ist schwer zu ermitteln, demnach sind ihre Aufzeichnungen mit Vorsicht zu genießen. Neben dem Jahr 1823, in dem der Roman spielt, sind auch die beiden vorangehenden signifikant, da Goethe Ulrike bereits 1821 kennengelernt hatte und diese zwei Jahre gewissermaßen die Vorbereitung für seine später entbrannte Leidenschaft und/oder Liebe waren. Darüber hinaus gibt es auch im Roman Anspielungen auf die früheren Begegnungen. Zuerst stellt sich jedoch die viel grundsätzlichere Frage, wie und wann der große Dichter überhaupt auf die Idee kam, seine Kuraufenthalte nach Böhmen zu verlegen.

Goethes Gesundheit war seit seiner Jugend immer wieder angegriffen und insgesamt eher labil. Bereits seine Geburt stellte die erste von insgesamt sieben lebensbedrohlichen Krisen dar.[144] Eine über lange Zeit unbekannte Krankheit führte den erst neunzehnjährigen Studenten schon im Jahr 1768 „an den Rand des Todes“[145]. Es handelte sich dabei um einen Blutsturz, nach Meinung der damaligen Ärzte um eine Lungenblutung. Frank Nager meint, nach heutigem Wissensstand müsse viel eher ein Magen oder Zwölffingerdarmgeschwür in Betracht gezogen werden.[146] Vermutlich auch deshalb entschloss sich Goethe bereits im Alter von 36 Jahren, ihn plagten zu

143 Vgl. Vera-M. Appel: Zu dieser Ausgabe. In: Levetzow, Erinnerungen, [o. S.]
144 Vgl. Nager, Dichter, S. 23.
145 Dieter Borchmeyer: Goethe. Köln: DuMont 2005. (= Schnellkurs 556) S. 25.
146 Vgl. Nager, Dichter, S. 24.

diesem Zeitpunkt Magenbeschwerden und wohl eher hypochondrische Gichtanfälle, zum ersten Mal zu einem längeren Kuraufenthalt. Das Ziel seiner Reise sollte der berühmte böhmische Kurort Karlsbad sein, wo auch seine enge Vertraute Charlotte von Stein abgestiegen war.

Die heißen Quellen in und um Karlsbad wurden der Legende nach von Kaiser Karl IV. persönlich entdeckt und so verbreitete sich der Ruf ihrer heilenden Kräfte ab dem vierzehnten Jahrhundert quer über Europa. Von diesem Zeitpunkt an traf sich in Karlovy Vary über Jahrhunderte hinweg das ‚Who's who' der damaligen Gesellschaft, Peter der Große ist nur einer davon. Goethe fand, als er am 4. Juli 1785 zum ersten Mal mit seiner Kutsche in Karlsbad ankam, einen eleganten Ort mitten im Aufschwung vor. Auf der Promenade flanierten adelige Besucher aus Österreich, allen Teilen des deutschen Reiches, Russland, Polen und Böhmen, und selbstverständlich war man interessiert daran, den bedeutenden Literaten und Geheimen Rat Johann Wolfgang von Goethe kennenzulernen. So fand dieser sich innerhalb kurzer Zeit inmitten eines beträchtlichen Kreises von Bewunderern wieder und konnte persönlich anregende und beruflich wertvolle Kontakte mit bedeutenden Gelehrten aus dem In- und Ausland knüpfen. Der kleine Kurort atmete internationales Flair, wovon sämtliche Besucher, nicht zuletzt Goethe, profitierten.[147]

Insgesamt reiste Goethe siebzehn Mal nach Böhmen, er besuchte dabei das Riesengebirge, Westböhmen, Franzensbad, Teplitz, Eger und ganze dreizehn Mal Karlsbad, bis er 1820 einen neuen Kurort für sich entdeckte. In diesem Jahr unternahm er seine Reise ins Böhmische bereits im Frühling und entschloss sich, Marienbad, von dem er bereits von mehreren Seiten erfahren hatte, einen Besuch abzustatten. Er war von dem, was er dort vorfand, begeistert und verglich den aufstrebenden Ort in einem Brief an Großherzog Carl August mit „den nordamerikanischen Einsamkeiten, wo man Wälder aushaut, um in drey Jahren eine Stadt zu bauen" (WA IV/33, 20). Walser nimmt diesen Vergleich in seinen Roman auf, allerdings legt er ihn Ulrike in den Mund. (Vgl. LM, 42) Der mögliche Grund für diesen, davon kann man ausgehen, wissentlichen Tausch, muss zu einem späteren Zeitpunkt erörtert werden. Er steht aber, soviel sei vorweg erwähnt, in unmittelbarer Verbindung zu dem Ulrike-Bild, welches Walser konstruiert.

---

[147] Vgl. Urzidil, Böhmen, S. 13ff.

Auch aus geologischer Sicht war Marienbad von großem Interesse für Goethe und in den darauffolgenden Jahren intensivierte er seine Studien in diese Richtung. Obwohl er nur eine Nacht in diesem noch kleinen Kurort verbrachte, manifestierte sich in ihm der Gedanke an eine Wiederkehr, ein Wunsch, der sich im Jahr darauf erfüllen sollte.[148]

4.1 Goethes Aufenthalte in Marienbad in den Jahren 1821 und 1822

Goethes Hausarzt, Doktor Rehbein, kehrte Anfang Juli 1821 aus Marienbad zurück und brachte neben Mineralen auch emphatische Berichte über seine Erlebnisse mit. Er soll damit, laut Urzidil, maßgeblich daran beteiligt gewesen sein, dass Goethe seinen Kuraufenthalt dieses Jahr ebenfalls nach Marienbad verlegte.[149] Unter dem 29. Juli verzeichnete dieser schließlich seine Ankunft „in dichtestem Regen" im „Klebelsbergischen Hause" in seinem Tagebuch, wo er „anständige, ja prächtige Zimmer" bezog und mittags mit „der Familie" speiste. (WA III/8, 85) An diesem Familientisch, an dem auch Ulrike saß, nahm Goethe in den kommenden Wochen täglich Platz, das belegen seine Tagebucheinträge. Daneben schrieb er von den vielen Personen, die er geduldig empfing, seinen naturwissenschaftlichen, in erster Linie Gesteinsstudien, und von den Bällen, an denen er teilnahm. (Vgl. WA III/8, 88ff) Ulrikes Name scheint im Tagebuch dieses Sommers nicht auf, wohl aber in den Briefen, die er in den vier Wochen während seines Aufenthaltes verfasste. Am 15. August berichtete er seinem Sohn relativ allgemein vom schlechten Wetter, was Walser im Roman ebenfalls anspricht (vgl. LM 13), allerdings nicht ohne anzumerken, dass die „innere Hausbequemlichkeit" (WA IV/35, 42) besser nicht sein könnte. Carl August gegenüber erwähnte Goethe in einem Brief vom 16. August wohlwollend die Mutter Ulrikes, Frau von Levetzow. (Vgl. WA IV/35, 44) Am 22. August, drei Wochen nach seiner Ankunft, taucht Ulrike schließlich in einem seiner Briefe auf. Er bat darin Sohn August, seiner Schwiegertochter Ottilie und deren Schwester Ulrike von Pogwisch Grüße von ihm auszurichten und wies gleichzeitig auf die Namensgleichheit mit einer anderen „recht artigen" (WA IV/35, 54) Ulrike hin, welche mit ihm im selben Haus wohne. Nach seiner Abreise aus Marienbad schrieb er

148 Vgl. Urzidil, Böhmen, S. 114ff.

149 Vgl. ebda, S. 120.

wiederum seinem Filius aus Eger vom bedauerlichen Scheiden von „der neuen Ulrike" und seiner Hoffnung, von jener in Weimar „desto zärtlicher empfangen" zu werden. (WA IV/35, 59) Was die Beziehung zu Ulrike betraf, war dieses Jahr zweifelsfrei harmlos und unauffällig, jedoch vermutlich intensiver als in seinen Aufzeichnungen dargestellt, zumindest vermittelt Ulrike das in ihren *Erinnerungen*.

Das Mädchen von damals siebzehn Jahren war in diesem Sommer mit ihrer Mutter nach Marienbad gekommen und fühlte sich ein wenig verloren, da sie zum ersten Mal von ihren Schwestern getrennt worden war. Von Goethe hatte sie bis zu diesem Zeitpunkt in ihrem französischen Internat in Straßburg weder etwas gehört noch gelesen.[150] Walser ist ‚gnädiger', er lässt sie lediglich seine Werke nicht kennen. (Vgl. LM, 15) Ihr wurde schließlich, vielleicht auch um sie ein wenig abzulenken, die Zerstreuung des älteren und sehr bedeutsamen Herrn nahe gelegt. So begleitete sie diesen auf seinen Morgenspaziergängen und lauschte geduldig seinen Ausführungen auf einer Bank vor dem Haus.[151] Goethe hingegen wusste die gute Zuhörerin durchaus zu schätzen und verehrte ihr eine Ausgabe der eben erschienenen ersten Fassung von *Wilhelm Meisters Wanderjahre*.[152] Walser schreibt darüber im Roman (vgl. LM 34) und zitiert fast wörtlich die originale Widmung: „Fräulein Ulrike von Lewezow zu freundlichem Andenken des Augusts 1821. Marienbad Goethe."[153] Allerdings hatte er das Buch nicht, wie in Walsers Roman beschrieben, ausdrücklich für sie mitgebracht, da er sie ja dort erst kennengelernt hatte. Es ist wenig überraschend, dass Goethe Ulrikes Familiennamen in der Widmung falsch schrieb, ein Detail auf welches Walser verzichtet hat, da er sich insgesamt wenig aus der Orthographie zu machen schien.[154] Im Briefverkehr der folgenden Jahre finden sich die abenteuerlichsten Schreibweisen des Namens Levetzow.

Daneben verfasste Goethe in diesem Sommer einen wichtigen Aufsatz über die Geologie in und um Marienbad, besuchte das Stift Tepl und lernte den Professor und Ordenspriester Stanislaus Zauper kennen. Darüber hinaus stürzte er sich in soziologische Untersu-

---

150 Vgl. Levetzow, Erinnerungen, [o. S.]

151 Vgl. Urzidil, Böhmen, S. 155ff.

152 Vgl. G. v. Graevenitz: Die Trilogie der Leidenschaft. In: Goethe-Jahrbuch. 29 (1908), S. 73.

153 Goethe. Sein Leben in Bildern und Texten. Vorwort von Adolf Muschg. Hrsg. von Christoph Michel. Frankfurt am Main, Leipzig: Insel 1982, S. 346.

154 Vgl. Goethes Gespräche, Biedermann, Bd. 8, S. 231.

chungen über das Egerland, vertiefte sich in die Geschichte Böhmens und lernte die tschechische Sprache sowie Grammatik kennen.[155]

Im Jahr 1822 sind zunächst zwei Briefe Goethes von besonderem Interesse. Es handelt sich dabei um jene vom 19. Mai und 1. Juni, verfasst in Weimar und adressiert an Ulrike von Brösigke, die Großmutter Ulrikes, welche zusammen mit ihrem Mann das Klebelsbergische Haus führte. In beiden teilte Goethe seiner Hauswirtin mit, wann er gedenke, in Marienbad einzutreffen, und wie lange er voraussichtlich Gast in ihrem Hause sein werde. Er deutete darin an, dass er die Hoffnung hege, wie im vorigen Jahr, wieder „in Ihrem Familienkreise zu jeder zeit und Stunde" sich „höchst vergnüglich" (WA IV/36, 44) aufhalten zu dürfen. Goethe kam schließlich über einen Monat früher als im Vorjahr, schon am 19. Juni, bei „herrlichsten Sonnenuntergang und frischem Nordwind" in Marienbad an. Bereits am ersten Tag seines Aufenthalts notierte er im Tagebuch: „Mittags am Familientische. Auf der Terasse" (WA III/8, 209). Dieser Mittagstisch sowie die Terrasse blieben gewissermaßen für die gesamte Dauer seines Aufenthalts Fixpunkte im täglichen Geschehen, und obwohl Goethe im Tagebuch keine Namen erwähnt, ist doch augenscheinlich, dass Ulrike mit beiden Begriffen in direkter Verbindung stand. Etwas weniger vage drückte sich Goethe am 3. Juli aus, als er für sich und die Nachwelt festhielt: „Mit den Kindern auf der Terrasse" (WA III/8, 213). Es darf vermutlich zu Recht angenommen werden, dass mit den ‚Kindern' Ulrike und ihre beiden Schwestern, Amélie und Bertha, welche in diesem Jahr ebenfalls in Marienbad weilten, gemeint waren. Wesentlich konkreter werden die Einträge nicht. Einige Tage darauf vermerkte er eine Spazierfahrt mit „der Familie", wieder etwas später heißt es „Abends mit der Familie" oder auch „Nachts mit der Familie" (WA III/8, 214ff). Relativ viel Zeit verbrachte er demnach im Kreis dieser Familie und schien sich wohl zu fühlen. Peter Meuer meint in seiner Betrachtung, Goethe hätte an den Levetzows vor allem ihr heiterer Familienkreis sympathisch berührt, den er zu Hause nicht hatte, zumindest nicht mehr seit dem Tod seiner Frau.[156]

Zudem gibt das Tagebuch dieses Sommers Auskunft über Wetter- und Wolkenbeobachtungen, über allerlei Geologisches, aber auch

155 Vgl. Urzidil, Böhmen, S. 121 ff.

156 Vgl. Peter Meuer: ‚Eine Liebschaft war es nicht'. *Goethe und Ulrike von Levetzow.* In: Ders.: Fülle des Augenblicks. Drei Versuche über Goethe. Heidenheim: Meuer 1985, S. 59.

über gelegentlich stattfindende Bälle und die häufigen Aufenthalte am Brunnen, womit die älteste erschlossene Quelle Marienbads, der Kreuzbrunnen, gemeint ist. (Vgl. WA III/8, 210) Das Wasser dieses Brunnens soll, so der von der k. k. Landesregierung bestätigte Brunnenarzt Doktor L. Herzig einige Jahre später, verschiedene Beschwerden und Krankheiten aller Art lindern und sogar heilen können.[157] Goethe muss ebenfalls an die Kraft dieses Wassers geglaubt haben, denn er schrieb an Sohn August am 16. Juli sein „Befinden" sei „gar löblich" und das „hiesige Wasser" hätte „bey der großen Trockniß" wesentlich „mehr Gehalt und sogar einen andern Geschmack als sonst" (WA IV/36, 96). Im Briefverkehr dieses Sommers findet sich nichts über Ulrike, viele der Briefe gingen an seinen Sohn, den er laufend über sein Befinden unterrichtete und den er auch an seinen vielfältigen Unternehmungen und Studien teilhaben ließ. Er sprach sich darin, wie im Jahr zuvor, lobend über den Zustand seiner Unterkunft aus und erteilte regelmäßig Auskünfte über das Wetter. (Vgl. WA IV/36, 90ff)

Den Höhepunkt dieser Kursaison bildete für ihn offensichtlich die Ankunft und das persönliche Kennenlernen des ihm bis dahin nur aus Briefen bekannten Graf Kaspar von Sternberg. Euphorisch teilte er August am 11. Juli mit: „Nun aber vermelde das Allerbeste: daß Herr Graf Sternberg gestern angekommen ist und wir schon zwey lange Sitzungen gehalten" (WA IV/39, 92). Desweiteren nur fünf Tage später: „Graf Sternberg ist nun schon mehrere tage hier; seine Gegenwart verleiht die schönste Unterhaltung und meine Übersicht über Böhmen erweitert sich von Tag zu Tag" (WA IV/39, 95). Noch vermochte in diesem Sommer des Jahres 1822 die Anwesenheit zahlreicher Gelehrter Goethes Herz stärker zu tangieren, als jene des jungen Mädchens, und er befand sich in diesem Jahr auch tatsächlich in vortrefflicher Gesellschaft. Urzidil erwähnt neben Graf Sternberg und Pater Zauper noch den schwedischen Chemiker Berzelius, den Naturforscher Pohl sowie Sebastian Grüner, zu dem sich langsam eine tiefe Freundschaft entwickelte.[158]

Goethe war demzufolge ausgelastet mit Arbeit, Studien und Forschung und wusste den stets um ihn sich bildenden Kreis von Geistesgrößen zu nutzen. Dessen ungeachtet verbrachte er aber auch, wie bereits erwähnt, einige Zeit mit den Töchtern Levetzow. So stellte er

[157] Vgl. L. Herzig: Die Heilung der Krankheiten mit Hülfe des Kreuzbrunnen zu Marienbad. Prag: Gottlieb Haase Söhne 1840, S. IV.

[158] Vgl. Urzidil, Böhmen, S. 126ff.

in diesem Sommer mehrere Steinreihen zusammen, wobei Bertha häufig an seiner Seite war.[159] Sie zeigte ein besonderes Interesse an der Mineralogie und Goethe genoss es, sie zu unterrichten. Die Steinreihe, welche er eigens für sie zusammenstellte, übergab Bertha später ihrem Neffen Franz von Rauch.[160] Goethe versuchte nun vergebens, auch Ulrike für die Steine zu begeistern und versteckte eines Tages ein Pfund Wiener Schokolade darunter – sie fand sie mit den Versen: „Genieße das auf deine eigne Weise, / Wo nicht als Trank, doch als geliebte Speise."[161] Walser verwendet diese relativ bekannte Schokoladen-Episode in seinem Roman (vgl. LM 13), allerdings dürften ihm dabei zwei kleine Fehler, beziehungsweise Verwechslungen unterlaufen sein. Zum einen interessiert sich bei Walser nicht die jüngste Schwester Bertha, sondern die mittlere Amélie für die Steine, was mit Ulrikes Aufzeichnungen kollidiert, und zum anderen verlegt er diese Geschichte in das Jahr 1821. Das ist wenig überraschend, da sich in diesem Punkt selbst die Biographen uneinig sind. Friedenthal schreibt von Schokolade und Blumen schon bei ihrem ersten gemeinsamen Aufenthalt 1821,[162] Urzidil zufolge soll sich diese Episode hingegen erst 1823 abgespielt haben.[163] Vermutlich liegt die Wahrheit irgendwo dazwischen. Ulrike selbst datierte diese Begebenheit in ihren Aufzeichnungen auf 1822[164], im Jahr davor kann es ihr zufolge nicht gewesen sein, da ihre Schwestern in Straßburg geblieben waren. In der Tat sprechen auch Goethes Tagebucheinträge eher für das Jahr 1822. Am 4. Juli hatte er „Chocolade von Fürst Khevenhüller" erhalten und am 20. vermerkte er geheimnisvoll: „Besuch die Steinsammlung zu sehen". (WA III/8, 214ff) Mehrfach dokumentiert ist hingegen, dass Goethe Ulrike 1822 einen Teil seiner Autobiographie „Aus meinem Leben, 2. Abteilung, 5. Teil. Auch ich in der Champagne"[165] schenkte und das Buch mit folgender Widmung versah: „Wie schlimm es einem Freund ergangen / Davon gibt dieses Buch Bericht. / Nun ist sein tröstendes Verlangen: / Zur guten Zeit vergiß ihn nicht."[166] Er bezeichnete sich demnach als Freund und wollte nicht vergessen sein.

---

159 Vgl. ebda, S. 126.
160 Vgl. Levetzow, Erinnerungen, [o. S.]
161 Urzidil, Böhmen, S. 159.
162 Vgl. Friedenthal, Goethe, S. 545.
163 Vgl. Urzidil, Böhmen, S. 163.
164 Vgl. Levetzow, Erinnerungen, S. 22f.
165 Ebda, [o. S.]
166 Ebda, [o. S.]

Waren Goethes Gefühle zu diesem Zeitpunkt noch großväterlicher Natur?

Weder aus seinen noch aus ihren Aufzeichnungen geht hervor, ob es zu diesem Zeitpunkt bereits ein erstes Aufflackern der späteren Gefühle gegeben haben könnte. George von Graevenitz meint, bei Goethe sei bereits in diesem Jahr „ein ernsteres leidenschaftliches Empfinden emporgekeimt“[167], Meuer hingegen „ahnt“ lediglich einige „sehr zarte erotische Glanzlichter“, glaubt jedoch nicht an eine echte „Ergriffenheit“.[168] Bevor Goethe nach Weimar zurückkehrte, hielt er sich mehr als fünf Wochen bei Kriminalrat Grüner in Eger auf. Dort restaurierte er den stark beschädigten, eigenhändig von Friedrich dem Großen verfassten Patenbrief Brösigkes und schickte ihn, mit ein paar Versen, an Ulrikes Großvater zurück.[169] (Vgl. WA III/8, 230) Selbst dieses Detail verwendet Walser in seinem Roman (vgl. LM, 43), und verlegt er es auch in das Jahr 1823, so ist es dennoch einer der vielen Beweise für die exakte Recherche des Autors.

4.2 Das Schicksalsjahr 1823 – die Vorgeschichte

Bernhard Suphan schreibt in seinem kriminalistischen Beitrag zum Goethejahrbuch von 1900, der Dichter habe zum Jahreswechsel von 1822 auf 1823 ein Briefkonzept über einen Traum entworfen, welches er Ulrike zu senden gedachte. Nachdem er allerdings in diesen Tagen überraschend einen Brief von ihr erhielt, vermutlich einen Neujahrsgruß, der nicht mehr erhalten ist, hätte er diese Idee wieder verworfen und antwortete stattdessen auf ihr Schreiben.[170] Dieses geheimnisvolle Konzept findet sich unter den Briefen Goethes an Unbekannte und ist bedauerlicherweise auch nicht datiert, was eine exakte Zuordnung zusätzlich erschwert. (Vgl. WA IV/50, 153) Suphan begründet seine Vermutung mit den Parallelen zwischen dem ominösen Konzept und jenem Brief, den Goethe am 9. Januar 1823 tatsächlich an Ulrike sandte. In beiden sei die Rede von einer „‚Erscheinung‘ der Geliebten“[171], einmal im Traum (vgl. WA IV/50, 154) und einmal „vor dem innern Sinne“ (WA IV/36, 269). Würden Suphans durchaus plausible Vermutungen zutreffen, so wäre Goethes Traum zwei-

---

167 Vgl. Graevenitz, Trilogie, S. 76.
168 Meuer, Liebschaft, S. 63.
169 Vgl. Goethe, Michel, S. 342f.
170 Vgl. Suphan, Briefe, S. 31.
171 Ebda.

fellos eine mittlere Sensation, denn er sieht darin die Geschehnisse des darauffolgenden Sommers mehr oder weniger bereits voraus. Er schildert in diesem Konzept, wie ihm eine anmutige, schöne und liebenswürdige Gestalt im Traum erscheint und wie er verzweifelt versucht in ihrer Gegenwart bleiben zu können, wobei ihm allerdings verschiedene traumartige Hindernisse im Wege stehen. Den Ort des Geschehens bezeichnet er als palastähnliches Gebäude, was ein wenig an die Beschreibung Goethes vom Klebelsbergischen Haus erinnert. Am Ende dieser Traumszene versucht er schließlich in den Garten zu gelangen, findet die Türe jedoch verschlossen vor. Er deutet dies als Zeichen innerlichster Zuneigung, unbezwinglicher Anhänglichkeit und wahrer Liebe. (Vgl. WA IV/50, 153) Was die Psychoanalyse anhand dieser, für sie zweifellos eindeutigen, Symbolik diagnostizieren würde, wäre gewiss eine nähere Betrachtung wert, ist allerdings nicht Thema dieser Arbeit und kann aus diesem Grund auch nicht weiter verfolgt werden.

Ob dieser Brief nun jemals an Ulrike geschickt werden sollte oder nicht, in diesem Jahr traten die beiden jedenfalls früher miteinander in Kontakt als in den Jahren zuvor, und ausgegangen war dieser Kontakt zweifelsfrei von ihr. Goethe gesteht in seinem Antwortschreiben „seit einiger Zeit Ihre willkommne Gestalt lebendiger und klarer“ vor sich gesehen zu haben. Obwohl er betont, der „liebende Papa“ zu sein, der seiner „treuen schönen Tochter immer“ gedenke, wollen doch andere Passagen weniger in diese väterliche Zuneigung passen. Was meinte Goethe zum Beispiel mit der Aussage „Nun aber entwickelt sich's!“? Etwas merkwürdig mutet daneben auch die Anrede an, welche Goethe gegen Ende des Briefes wählt, denn „meine Liebste“ wäre selbst für die leibliche Tochter einigermaßen unkonventionell, für die Ziehtochter hingegen ist sie in jedem Fall inadäquat. (WA IV/36, 269f) Nach diesem Brief brach die Korrespondenz zwischen den beiden wieder ab, woran vermutlich primär Goethes schwere Herzerkrankung schuld war. Diese Herzbeutelentzündung setzte dem 73-Jährigen schwer zu, wovon zahlreiche Tagebucheinträge, wie jener vom 18. Februar, berichten: „Gesteigertes Übelbefinden. Besonders heftiger Schmerz am Herzen“ (WA III/9, 17). Auch Goethes Familie, Ärzte und Freunde fürchteten um sein Leben, so schrieb Karoline Gräfin von Egloffstein am 23. Februar an ihre Mutter: „[...] Goethe ist wohl ohne Rettung, und noch zählen wir nur die

Stunden seines irdischen Lebens [...]".[172] So unvorstellbar es im 21. Jahrhundert klingen mag, in dieser Zeit verbreitete sich in Weimar und in ganz Deutschland die Kunde vom angeblichen Tod des großen Dichters. Mehrere Tage lang verbrachte man im Ungewissen über Goethes Zustand.[173] Mit großer Erleichterung nahm man schließlich die Nachricht von seiner langsamen Rekonvaleszenz zur Kenntnis und vermutlich rieten ihm seine Ärzte, wie schon in den vergangenen Jahren, zu einem neuerlichen Kuraufenthalt. Goethe entschied sich zum dritten Mal in Folge für Marienbad, nicht zuletzt auch deshalb, weil Carl August erstmals ebenfalls dort kurte. Jochen Klauß meint, dass Goethes gefährliche Krankheit nicht unwichtig „für die weitere Entwicklung der Romanze"[174] gewesen sein könnte. Walser dürfte das ähnlich gesehen haben, denn er spielt in seinem Roman auf Goethes schwere Krankheit und auch auf den Briefkontakt der beiden an. Allerdings sind es bei Walser mehrere Briefe, die sich zwischen Weimar und den wechselnden Aufenthaltsorten der jungen Frau hin und her bewegen. Das bedeutet, bei ihm beginnt die Romanze eigentlich schon mit diesen Briefen. (Vgl. LM, 18) Falls es solche tatsächlich gegeben haben sollte, so sind sie nicht erhalten, bekannt ist vor dem Sommer 1823 nur jener bereits erwähnte Brief Goethes vom 9. Januar desselben Jahres.

4.3 Letzte Liebe – Marienbad und Karlsbad 1823

Am 2. Juli 1823 traf Goethe in Marienbad ein und bezog seine Zimmer in der „Goldenen Traube", da Carl August in seinem Vorjahresquartier residierte.[175] Er war aber auch mit der neuen Unterkunft durchaus zufrieden und lobte in einem Brief an seinen Sohn Doktor Rehbein, welcher für ihn „das allerliebste wohlgelegene Quartier" (WA IV/37, 126) ausgesucht hatte. Walser schreibt einfühlsam und für den Leser nachvollziehbar von einem „weisen Instinkt", der ihn davon abgehalten hätte im „Klebelsberg-Palais" zu wohnen, da er es

---

172 Karoline Gräfin von Egloffstein: Brief an ihre Mutter vom 23. und 24. Februar 1823. In: Goethe in vertraulichen Briefen, Bode, S. 128.

173 Vgl. Betty Wesselhöft: Brief an Zelter vom 27. Februar 1823. In: Goethe in vertraulichen Briefen, Bode, S. 132f.

174 Jochen Klauß: Nachwort. In: Johann Wolfgang von Goethe, Ulrike von Levetzow. ‚... keine Liebschaft war es nicht'. Eine Textsammlung. Hrsg. von Ders. Zürich: Manesse 1997, S. 100.

175 Vgl. Karl Otto Conrady: Goethe. Leben und Werk. Düsseldorf: Patmos 2006, S. 935.

mit Ulrike „unter einem Dach getrennt durch Stockwerk und Wände“ wohl kaum ausgehalten hätte. (LM, 21) Am 11. Juli hielt Goethe die Ankunft von Frau von Levetzow und ihren Töchtern in seinem Tagebuch fest (vgl. WA III/9, 76), was Walser übernimmt und kunstvoll in Szene setzt (vgl. LM, 9). Von diesem Tag an bis zu seiner Abreise erwähnte Goethe in seinen Aufzeichnungen beinahe täglich das Wort „Familie“ und beinahe ebenso oft „Terrasse“. (Vgl. WA III/9, 76-95) Auf dieser Terrasse traf sich, wie in den Jahren zuvor, die in Marienbad versammelte Gesellschaft, um sich miteinander auszutauschen und um die Zeit zwischen Mittag- und Abendessen zu überbrücken. Goethe, der selbst in seinem Tagebuch vieles nur in verschlüsselter Form preisgab, verwendete diese Begriffe jedoch als Synonyme für Ulrike und das Zusammensein mit ihr.[176] Das sehen nicht allein die Goethe-Forscher so, er selbst wies in einem Brief am 25. Juli an August unmissverständlich darauf hin:

> Wenn Dame Ottilie mir von Eisenacher Abenteuern etwas vertrauen will, so soll es mir sehr erfreulich seyn; weiß sie dagegen im Tagebuch den Worten *Terrasse, Gesellschaft, Familie* den rechten Sinn zu geben, so ist sie ganz in meinem Geheimniß. (WA IV/37, 144)

Walser nimmt diese Chiffren Goethes nicht nur auf – die Begriffe ‚Terrasse‘ und ‚Gesellschaft‘ verwendet er häufig, ‚Familie‘ mehr als zwanzig Mal – er erweitert sie sozusagen noch mit seinen eigenen:

> Ulrikes steter Blick, kannte er den noch vom vergangenen Jahr? Ihr und sein Blick blieben ineinander. Als es nicht mehr auszuhalten war, als endlich etwas gesagt werden musste, sagte er: Bitte, begreifen Sie, liebe Umstehende, ich studiere nicht nur Steine, sondern auch Augen. (LM, 11f)

So lauten einige signifikante Sätze der Eingangsszene im *Liebenden Mann*, und bis zum Ende des Romans kommen die Begriffe ‚Augen‘, ‚Blick‘ sowie ‚Augenblick‘ auffallend häufig vor. Einerseits wäre es möglich, dass Walser damit Bezug nimmt auf eine Notiz Goethes in seinem Tagebuch vom 12. August 1823: „Auf der Terrasse Augenblick und im Zimmer“ (WA III/9, 92), andererseits spielt das Augenmotiv sowohl in den Werken Goethes als auch in denen Walsers eine bedeutende Rolle. Man denke dabei nur an die *Wahlverwandtschaften* beziehungsweise den *Augenblick der Liebe*.

---

[176] Vgl. Klauß, Nachwort, S. 102ff.

Nach einem Ball hadert Walsers Goethe in seiner Eifersucht mit der vermeintlich unerwiderten Liebe zu Ulrike und er erinnert sich daran einmal notiert zu haben: „Niemand ist zur Zeit in mich verliebt, ich bin in niemanden verliebt, nur der Tod steht in der Ecke“. (LM, 69) Dabei handelt es sich um eine Komposition von zwei überlieferten Aussagen Goethes. Am 22. Mai 1822 bemerkte er in der Anwesenheit Kanzler von Müllers zu Julie von Egloffstein: „Es geht mir schlecht, denn ich bin weder verliebt, noch ist jemand in mich verliebt“[177] und während seiner Krankheit am 24. Februar 1823: „Der Tod steht in allen Ecken um mich.“[178] Details wie diese tragen unter anderem zu der beeindruckenden Dichte dieses Romans bei.

Der Sommer 1823 unterschied sich kaum von jenen davor. Es gab Bälle, Konzerte, Spielabende und Ausflüge wie in jedem Jahr, nur nahm Goethe diesmal rege daran teil. Auch wenn kein Kostümball wie bei Walser auf dem Programm stand (vgl. LM, 98), unterhaltsame Veranstaltungen gab es dennoch zur Genüge. Eine davon war die Verlobungsfeier Doktor Rehbeins. Diese fiel in Wahrheit bedeutend bescheidener aus als bei Walser beschrieben (vgl. LM 50ff), hatte jedoch vermutlich eine ähnlich starke Wirkung auf Goethe. Zwar existierte keine Konkurrenz in Form von Herrn de Ror, dieser ist tatsächlich vollkommen fiktiv, die Verlobung des Arztes in mittlerem Alter mit der jungen „Marie Katharine (Catty) Mayer von Gravenegg“[179] wird ihn allerdings dennoch einigermaßen aufgewühlt haben. „Fräulein Meyer ward als Rehbeins Braut vorgestellt und des Paares Gesundheit getrunken. Bekam mir nicht. Schlimme Nacht“ (WA III/9, 89f), notierte er an diesem Tag. Man ahnt Goethes Zerrissenheit zwischen Hoffen und Bangen, denn noch war der Ausgang seiner eigenen Verliebtheit ungewiss.
Am 23. Juli begegnete Goethe bei der Fürstin Hohenzollern einer Schülerin Zelters, Lily Parthey. Zelter hatte ihr einen Gruß und „was sich darauf reimt“ an Goethe aufgetragen und die für den berühmten Dichter schwärmende junge Dame verabsäumte keineswegs den Auftrag auszuführen. Dieses Treffen hinterließ einen bleibenden Eindruck auf die junge Frau, die das Ereignis detailliert in ihrem Tagebuch festhielt und meinte „glücklicher“ sei sie „gewiß noch nie“

177 Goethes Gespräche, Biedermann, Bd. 4, S. 155.
178 Ebda, Bd. 4, S. 212.
179 Information aus einem persönlichen E-Mail von Frau Schäfer, Klassik Stiftung Weimar.

Reihe von Wiederholungen und ermüdenden Dialogen“, in denen Walser übersetze, „was er zuvor so poetisch und dicht ausgelegt“ hätte.[220] Soweit haben die Kritiken und die Rezensenten in einem Punkt unbedingt Recht. Der dritte Teil ist in jedem Fall mehr Walser als Goethe und spätestens an dieser Stelle beginnt der historische Roman endgültig in den fiktiven beziehungsweise vielleicht sogar ein wenig in den autobiographischen überzugehen.

5.1 Das Ende eines Sommers

Ob Goethe bei seiner Rückkehr aus Böhmen tatsächlich so freundlich empfangen worden ist, wie es seine Tagebücher vermitteln wollen, sei dahingestellt. Quellen aus dieser Zeit lassen anderes vermuten, wie ein Brief von Kanzler von Müller an Julie von Egloffstein exemplarisch beweist:

> Die rohe und lieblose Sinnesweise seines Sohnes und Ulrikens [von Pogwisch] schroffe Einseitigkeit und gehaltlose Naivität sind freilich nicht gemacht, eine solche Krisis sanft und schonend vorüberzuführen, und die arme Ottilie ist seit seiner Ankunft beständig krank und für ihn so gut wie unsichtbar.[221]

Walser verzichtet auf eine Darstellung der Heimkehr, bei ihm setzt die Geschichte erst am 7. Oktober, mit Goethes erstem Brief an Ulrike, wieder ein. Dadurch ergibt sich eine Lücke von über 20 Tagen und der Leser erfährt nicht, was in dieser Zeit geschah. Goethes historische Tagebücher hingegen geben über diese Tage Auskunft. Während der ersten Zeit seiner Rückkehr befasste er sich noch sehr intensiv mit der *Elegie*. Daneben brachte er Ordnung in seine Unterlagen und verschiedenen Studien und widmete viel von seiner Zeit der vermutlich beunruhigten Schwiegertochter. Von gemeinsamen Teeabenden und Spazierfahrten berichtet er, aber auch von ihrem Unwohlsein, das vielleicht mit den Gerüchten aus Böhmen in Zusammenhang stand. (Vgl. WA III/9, 117ff)

Der erste Brief Goethes im *Liebenden Mann* berichtet Ulrike von den Beschimpfungen, welche er sich von Ottilie täglich anhören müsse. Worte wie „Lustgreis, Herumscharwenzler, Mädchenbetatscher,

---

[220] Dante Andrea Franzetti: ‚Ach, Exzellenz‘ – ‚Ach, Ulrike‘. In *Der Standard* (Wien) vom 01.03.2008, Album A 6.

[221] Kanzler von Müller: Brief an Julie von Egloffstein vom 25. September 1823. In: Goethe in vertraulichen Briefen, Bode, S. 157.

ein charmantes Stück daraus fertigen, ein alter Onkel, der seine junge Nichte allzuheftig liebt".[184]

Einen Monat nach seiner Trennung von ihr konnte er mit Hilfe der neu gewonnenen Distanz erste Scherze über die Geschehnisse dieses Sommers wagen. In Walsers Roman hingegen macht Goethe diese ironischen Anspielungen noch während seines Aufenthalts in Marienbad. Ob ihm solch reflektierende Beobachtungen aus einer geradezu auktorialen Perspektive in der Phase seiner schwersten Verliebtheit tatsächlich möglich gewesen wären, ist heute nicht mehr festzustellen, aufgrund seiner starken emotionalen Beteiligung jedoch eher auszuschließen. Walsers sonst so einfühlsame Goethe-Zeichnung verliert an dieser Stelle vorübergehend etwas von ihrer Glaubhaftigkeit.

Trotz der unzähligen kursierenden Gerüchte leugnete die Goetheforschung lange Zeit, dass der große Dichter dem jungen Mädchen tatsächlich einen Heiratsantrag gemacht haben soll.[185] Mit dem Erscheinen von Ulrikes Aufzeichnungen *Erinnerungen an Goethe* war diese Tatsache schließlich unbestreitbar geworden. Zwar wusste die alte Dame nicht mehr das Jahr, in dem der Heiratsantrag gemacht, jedoch umso genauer von wem er überbracht worden war. Kein geringerer als Großherzog Carl August hatte die Werbung für seinen alten Freund Goethe übernommen und Ulrikes Mutter stellvertretend für ihn um die Hand ihrer Tochter gebeten.[186] Ob Goethe seinen Gönner persönlich oder wie bei Walser in Form eines Briefes (vgl. LM 109f) um diesen Gefallen bat, ist grundsätzlich irrelevant. Der Antrag muss irgendwann vor der Abreise des Großherzogs am achten August gemacht worden sein. Einen Tag zuvor vermerkte Goethe im Tagebuch: „Vorher bey dem Großherzog. Die Verlobung aus dem Stegreife besprochen" (WA III/9, 89). Die Goetheforschung geht davon aus, dass damit die Verlobung Doktor Rehbeins gemeint war, welche am selben Abend stattfand, Werner Fuld meint in seinem Vorwort zu Ulrikes *Erinnerungen*, es hätte sich dabei ebenso um seine eigene Verlobung handeln können.[187] Denkbar wäre beides, eine mögliche Doppelbedeutung könnte eine weitere Verschleierungstechnik Goethes darstellen.

184 Goethes Gespräche, Biedermann, Bd. 4, S. 286.
185 Vgl. Loeper, Trilogie, S. 31.
186 Vgl. Levetzow, Erinnerungen, [o. S.]
187 Vgl. Werner Fuld: Vorwort. In: Levetzow, Erinnerungen, [o. S.]

Reihe von Wiederholungen und ermüdenden Dialogen", in denen Walser übersetze, „was er zuvor so poetisch und dicht ausgelegt" hätte.[220] Soweit haben die Kritiken und die Rezensenten in einem Punkt unbedingt Recht. Der dritte Teil ist in jedem Fall mehr Walser als Goethe und spätestens an dieser Stelle beginnt der historische Roman endgültig in den fiktiven beziehungsweise vielleicht sogar ein wenig in den autobiographischen überzugehen.

5.1 Das Ende eines Sommers

Ob Goethe bei seiner Rückkehr aus Böhmen tatsächlich so freundlich empfangen worden ist, wie es seine Tagebücher vermitteln wollen, sei dahingestellt. Quellen aus dieser Zeit lassen anderes vermuten, wie ein Brief von Kanzler von Müller an Julie von Egloffstein exemplarisch beweist:

> Die rohe und lieblose Sinnesweise seines Sohnes und Ulrikens [von Pogwisch] schroffe Einseitigkeit und gehaltlose Naivität sind freilich nicht gemacht, eine solche Krisis sanft und schonend vorüberzuführen, und die arme Ottilie ist seit seiner Ankunft beständig krank und für ihn so gut wie unsichtbar.[221]

Walser verzichtet auf eine Darstellung der Heimkehr, bei ihm setzt die Geschichte erst am 7. Oktober, mit Goethes erstem Brief an Ulrike, wieder ein. Dadurch ergibt sich eine Lücke von über 20 Tagen und der Leser erfährt nicht, was in dieser Zeit geschah. Goethes historische Tagebücher hingegen geben über diese Tage Auskunft. Während der ersten Zeit seiner Rückkehr befasste er sich noch sehr intensiv mit der *Elegie*. Daneben brachte er Ordnung in seine Unterlagen und verschiedenen Studien und widmete viel von seiner Zeit der vermutlich beunruhigten Schwiegertochter. Von gemeinsamen Teeabenden und Spazierfahrten berichtet er, aber auch von ihrem Unwohlsein, das vielleicht mit den Gerüchten aus Böhmen in Zusammenhang stand. (Vgl. WA III/9, 117ff)

Der erste Brief Goethes im *Liebenden Mann* berichtet Ulrike von den Beschimpfungen, welche er sich von Ottilie täglich anhören müsse. Worte wie „Lustgreis, Herumscharwenzler, Mädchenbetatscher,

---

220 Dante Andrea Franzetti: ‚Ach, Exzellenz' – ‚Ach, Ulrike'. In *Der Standard* (Wien) vom 01.03.2008, Album A 6.

221 Kanzler von Müller: Brief an Julie von Egloffstein vom 25. September 1823. In: Goethe in vertraulichen Briefen, Bode, S. 157.

Kindermissbraucher und noch Schlimmeres“ (LM, 188) würden dabei fallen. Es ist auszuschließen, dass Goethes Schwiegertochter, ungeachtet ihrer vielen Fehler, jemals derartige Ausdrücke ihm gegenüber verwendete. Eher scheinen diese Worte Walsers Leben entnommen zu sein, erinnern sie doch stark an die Vorwürfe der Kritiker zum *Augenblick der Liebe* und vor allem zu *Angstblüte*. Durch diese Briefe, in denen Goethe Ulrike sein Herz ausschüttet, erfährt der Leser etwas über das Innenleben der Figur und man kommt nicht umhin, sich zu fragen, ob es Goethe oder etwa Walser ist, den es „am meisten“ schmerzt, als „Lustgreis“ und „Unmensch“ beschimpft zu werden. (LM, 189)

Während seiner schweren Krankheit im Februar nannte Goethe seine Schwiegertochter liebevoll „Seidenhäschen“[222], Walser dagegen lässt Goethe die jungen Damen in seinem Umfeld „zur allgemeinen Erheiterung“ und wohl auch zur Tarnung seiner tatsächlichen Gesinnung neckisch als seine „Sandhäschen“ bezeichnen. (LM, 196) Die Ähnlichkeit dieser beiden Kosenamen ist auffallend, sodass auf einen Zusammenhang geschlossen werden kann. Für Walsers Goethe ist es schließlich völlig unmöglich, sein Gedicht jemandem zu zeigen, bevor Ulrike es gesehen hat, weshalb er ihr die *Elegie* mit dem zweiten Brief sendet. (Vgl. LM, 198ff) Walsers Sinn für Romantik ist damit ausgeprägter als Goethes, der Ulrike das Gedicht niemals persönlich übermittelte. Vielmehr wurde es zwischen ihnen, auch in der weiteren brieflichen Korrespondenz mit der Mutter, mit keinem Wort jemals erwähnt. Die vermutlich erste Person, der Goethe gestattete, die *Elegie* zu lesen, war Johann Peter Eckermann.[223] Der dritte Brief liefert eine Beschreibung des Goethehauses, in dem sich Walser offensichtlich sehr gut auskennt und zu dem er auch recherchiert haben muss. Er schreibt völlig richtig vom „Blauen Zimmer“ (LM, 205), auch „großes Zimmer“[224] genannt, womit das heutige „Junozimmer“ gemeint ist. Obwohl sich die Büste der Juno Ludovisi zu diesem Zeitpunkt bereits seit acht Tagen in Goethes Besitz befand (vgl. WA III/9, 126), erhielt der Raum diesen Namen erst wesentlich später. Goethe nennt ihn in einem Brief an den edlen Spender Staatsrat

---

[222] Goethes Gespräche, Biedermann, Bd. 10, 113.

[223] Vgl. Hans Kaufmann: Goethes ‚Trilogie der Leidenschaft‘ (Nachwort). In: Johann Wolfgang von Goethe: Trilogie der Leidenschaft. Text und Dokumente. Hrsg. und mit einem Essay versehen von Ders. Rudolstadt: Hain 1995. (= Edition Palmbaum.) S. 39.

[224] Vgl. Goethe, Michel, S. 348.

nach dem Abschiedskonzert Szymanowskas im Haus Goethes. Die Künstlerin, die von Walser nur einmal erwähnt wird, hielt sich im Jahr 1823 von 24. Oktober bis 5. November in Weimar auf und war während dieser Zeit täglich Gast in Goethes Haus. (Vgl. WA III/9, 133ff) Goethe meinte bei diesem Abendessen philosophisch, an etwas „Schönes" müsse man nicht „von Außen her wieder erinnert" werden, sondern dieses Schöne müsse sich von „Anfang" an mit dem eigenen Inneren „verweben", zusammen mit ihm ein „neueres, besseres Ich" generieren und dadurch „fortleben".[230] Bezug nehmend auf die anstehende Abreise von Madame Szymanowska, und möglicherweise auch auf Ulrike, fügte er noch hinzu:

> Nein, sie kann uns nicht entschwinden, sie ist in unser innerstes Selbst übergegangen, sie lebt in uns mit uns fort und fange sie es auch an, wie sie wolle, mir zu entfliehen, ich halte sie immerdar fest in mir.[231]

Diese Gefühlsregung ist Ausdruck seiner wahren Empfindungen für Ulrike und zugleich der vielleicht schönste Beweis dafür, dass Goethe, wie bereits erwähnt, tatsächlich so sprach wie er schrieb. Auch die Kupferstiche, die Walser erwähnt (vgl. LM, 218), hätten Goethe gewiss an den Sommer erinnert, heißt es doch in seinem Tagebuch am 26. August: „Nachher Almanache und andere kleine Kupfer mit Ulricken." (WA III/9, 100) Walsers Liste des Vermeidens ist damit insgesamt durchaus plausibel, denn aufgrund der gemeinsam verbrachten Wochen gab es ohne Zweifel unzählige schöne, aber für Goethe auch sehr schmerzhafte Erinnerungen.

Im fünften Brief lässt Walser seinen Goethe ganz in der Manier des frisch Verliebten über Ulrikes anmutige Bewegungen sinnieren. Er denkt fasziniert daran, wie vorsichtig sie durch eine Blumenwiese gegangen war, um nichts niederzutreten, und „wie leicht" sie sich „gebückt" hatte, um ihre „Lieblingsblumen" zu pflücken. So sehr diese Passage, diese romantische und detailreiche Schilderung einer eigentlich belanglosen Nebensächlichkeit, auf den Autor Martin Walser verweist, so sehr ist sie zugleich auch Goethe. „Wenn ein schlanckes, liebes Kind sich niederbeugt und meiner gedenckend ein Steinchen aufhebt, so ist das zu den hundert Stellungen in denen ich sie vor mir sehe wieder ein neuer Gewinn" (WA IV/37, 298), schrieb dieser offensichtlich voller Sehnsucht an Ulrikes Mutter am Silvesterabend

230 Goethes Gespräche, Biedermann, Bd. 4, S. 311.
231 Ebda, Bd. 4, S. 311f.

1823. Selbst die „wiederholte Pubertät" (LM, 222), die besonders gut zu Walsers Romanen der vergangenen Jahre passen würde, ist keine von Walsers häufigen Wortneuschöpfungen. Goethe reflektierte darüber ausführlich in einem Gespräch mit Eckermann, in dem es um Napoleon, Mozart und andere große Männer ging. Er meinte „bei vorzüglich begabten Menschen auch während ihres Alters immer noch frische Epochen besonderer Productivität wahrnehmen" zu können, da bei „ihnen immer einmal wieder eine temporäre Verjüngung einzutreten" scheine und dieses Phänomen müsse seiner Ansicht nach als „wiederholte Pubertät" bezeichnet werden.[232] Obwohl Goethe nicht ausdrücklich von sich selbst sprach, ist seine Person gewiss implizit mitzudenken, und da Walser im *Liebenden Mann* darauf anspielt, macht er dasselbe wohl auch für sich selbst geltend.

Auf diesen Brief folgt ein Kapitel aus Goethes Sicht. Er erhält endlich den ersehnten Brief von Ulrike, um daraus erfahren zu müssen, dass Herr de Ror, oberstes Feindbild Goethes, am 31. Oktober nach Straßburg kommen und sie, ihre Mutter und Graf Klebelsberg treffen werde. Die beiden letzteren hätten das vermittelt, mutmaßt Goethe. Scheinbar nebenbei lässt Walser Goethe bemerken, dass der Tag, an dem Herr de Ror Ulrike treffen werde, zugleich auch Ottilies 28. Geburtstag sei. (Vgl. LM, 227f) Es stimmt, der 31. Oktober war der Tag an dem Ottilie geboren worden war, allerdings im Jahr 1796, womit sie 1823 erst siebenundzwanzig Jahre alt wurde.[233] Vermutlich handelt es sich dabei um ein Versehen Walsers und nicht um eine bewusste Veränderung der Tatsachen. Ottilies Alter spielt in diesem Zusammenhang nur insofern eine Rolle, als sie beträchtlich älter ist als Ulrike. Im Fall einer Heirat mit Goethe wäre die Schwiegermutter um fast zehn und mehr als zehn Jahre jünger gewesen als Ottilie und August und der Peinlichkeitsfaktor damit entsprechend hoch. Goethe, noch immer außer sich wegen der Konkurrenz durch Herrn de Ror, bittet schließlich Stadelmann, ihm ausreichend Köstritzer Bier zu bringen, um sich damit betrinken zu können. (Vgl. LM, 229) Es ist bekannt, dass Goethe dem Alkohol, vorzugsweise dem Wein, keineswegs abgeneigt war. Gero von Wilpert schreibt, Goethe hätte „eher mäßig und regelmäßig als regelmäßig übermäßig" getrunken und es seien stets „hervorragende, gepflegte Weine von Weinhändlern" gewesen. „Bier oder Spirituosen" habe er kaum genossen, vielmehr wäre der Konsum des ersteren eher „den Unterschichten, den

---

232 Goethes Gespräche, Biedermann, Bd. 6, S. 279f.
233 Rahmeyer, Ottilie, S. 17.

Handwerksburschen und Schülern“ zugekommen.[234] Ganz so ablehnend wird Goethes Haltung gegenüber dem Gerstensaft nicht gewesen sein, zum einen wirbt Köstritzer noch heute mit Goethe, der das Gebräu angeblich sehr geschätzt haben soll,[235] zum anderen gibt es verschiedene Zeugnisse über seinen Bierkonsum sowohl in seinen Tagebüchern als auch in den Briefen. (Vgl. WA IV/11, 34)

Mit der Erwähnung Bettina (auch Bettine) von Arnims, geborene Brentano, die Goethe mehrmals besuchte und dabei zunehmend aufdringlicher wurde, spielt Walser auf eine interessante Episode in Goethes Leben an. (Vgl. LM, 231) So sehr Bettina Goethe seit ihrer Kindheit verehrte, so wenig konnte sie die Frau an seiner Seite akzeptieren. Nach einem heftigen Streit zwischen ihr und Christiane im Jahr 1811, verwies Goethe sie und ihren Ehemann, den Schriftsteller Achim von Arnim, endgültig des Hauses.[236] Ob Goethe sie einst als „spinnige Amsel“ (LM, 231) bezeichnet hatte, konnte nicht eruiert werden, allerdings schrieb er in einem Brief an Carl August 1826, Bettina sei eine „leidige Bremse“ und ihm „als Erbstück“ seiner „guten Mutter schon viele Jahre sehr unbequem“. (WA IV/50, 55)

Von einer ganz anderen Art der Signifikanz ist außerdem jene Stelle im *Liebenden Mann*, an der sich Goethe aufgrund des anstehenden Besuches von Herrn de Ror und seiner Situation mit Ulrike insgesamt, er weiß nicht, wann und ob er sie wiedersehen wird, zum Aufstehen durchringen muss. Diese Szene ist weniger typisch für Goethe, zumindest ist nicht bekannt, dass der als Morgenmensch geltende Dichter jemals Probleme mit dem Aufstehen hatte, als vielmehr für den Autor Martin Walser. „Dass er diese Verführung zum Liegenbleiben zu bekämpfen hatte, wusste er“, schreibt er an dieser Stelle. (LM, 232) Immer wieder kämpfen Walsers Figuren mit diesem Drang; während der namenlose Protagonist in der Kurzgeschichte *Gefahrenvoller Aufenthalt* dieser Versuchung buchstäblich erliegt[237], kann der sich in einer Existenzkrise befindliche Lehrer Helmut Halm

---

[234] Vgl. Gero von Wilpert: Die 101 wichtigsten Fragen. Goethe. Nördlingen: Beck 2007. (= becksche reihe. 1754.) S. 31ff.

[235] Vgl. Arnd Zschiesche; Oliver Errichiello: Erfolgsgeheimnis Ost. Survival-Strategien der besten Marken – und was Manager daraus lernen können. Wiesbaden: Gabler 2009, S. 139.

[236] Vgl. Bei Goethe zu Gast. Besucher in Weimar. Hrsg. von Werner Völker. Frankfurt, Leipzig: Insel 1996. (= insel taschenbuch. 1725.) S. 60f.

[237] Vgl. Martin Walser: Gefahrenvoller Aufenthalt. In: Ders.: Ein Flugzeug über dem Haus und andere Geschichten. S. 14ff.

in *Ein fliehendes Pferd* von seinem Schulfreund Klaus Buch gerade noch rechtzeitig vor ihr gewarnt werden[238].

5.2 „Gegen Schmerzen der Seele gibt es nur zwei Arzneimittel: Hoffnung und Geduld.“[239]

Die Abreise Madame Szymanowskas aus Weimar am 5. November kann als Auslöser für Goethes neuerliche Erkrankung gesehen werden, denn einen Tag nach ihrer Abfahrt notierte er in seinem Tagebuch: „Gegen Abend befand ich mich nicht zum Besten“ (WA III/9, 141). Damit begann „eine erneute Todeskrise, wiederum mit quälender *Angina pectoris* und schwerer Herzinsuffizienz“, wie Nager diagnostiziert. Er kann „psychosomatische Zusammenhänge“, wie in Goethes Jugendzeit, nicht gänzlich ausschließen.[240] Über zwanzig Tage dauerte die Krise, während der man, wie schon im Februar, wieder um das Leben Goethes fürchten musste. Nun drängt sich die Frage auf, ob Goethes Krankheit mit der Trennung von Ulrike oder mit der viel aktuelleren von Madame Szymanowska in Zusammenhang stand. Bei Walser erkrankt Goethe später, Madame Szymanowska, im Roman längst abgereist, spielt dabei keine Rolle mehr. Das liegt vermutlich daran, dass im Roman ausschließlich Ulrike für seine Krankheit verantwortlich sein soll, um die Tiefe seines Gefühls zu unterstreichen. Madame Szymanowska darf in ihrer Nebenrolle Ulrikes erste Stellung nicht gefährden. Diese Entscheidung Walsers könnte in Beziehung zu einer anderen Stelle im *Liebenden Mann* gesetzt werden, an der Ulrike und Goethe sich über den Werther-Roman unterhalten. Goethe erzählt ihr, dass Napoleon daran kritisiert habe, dass er die unglückliche Liebe des Werther durch dessen berufliche Probleme noch steigere. Damit sei für seinen Suizid nicht ausschließlich die unerfüllte Liebe zu Lotte verantwortlich, was Napoleon für einen Fehler hielt. Er sei der Ansicht gewesen, „die unglückliche Liebe hätte der einzige Grund für seinen Untergang bleiben müssen“, womit Ulrike ihm Recht gibt. Sie meint die Tatsache, dass mehrere Gründe ihn in den Selbstmord treiben, mache ihn „kleiner, alltäglicher, uninteressanter“. (LM, 39f) Es wäre denkbar,

---

238 Vgl. Walser, Pferd, S. 108.

239 Pythagoras: Berichte. Zitiert nach: Ernst Lautenbach: Medizin Zitate Lexikon. Lebenserfahrungen eines Arztes. Quellennachweise. München: iudicum 2010, S. 509.

240 Nager, Dichter, S. 36.

dass Walser deshalb beschloss, Ulrike allein zum Auslöser von Goethes Krankheit zu machen.

In einem weiteren fiktiven Brief an Ulrike schildert Walsers Goethe im Nachhinein den schlimmen Husten, der ihm ein Liegen im Bett unmöglich gemacht habe, und ebenso die Therapie mit Blutegel, die auch in Goethes realem Tagebuch festgehalten wurde, erwähnt er. Allerdings entspricht es nicht der Wahrheit, dass Doktor Rehbein permanent bei Goethe war. (Vgl. LM, 248f) August gibt in einem Brief an Friedrich Schlosser Auskunft über den Verlauf von Goethes Krankheit:

> Eine Erkältung war die Ursache, nach welcher sich ein Katarrh einstellte, der immer heftiger wurde und zuletzt das Liegen im Bett unmöglich machte. So mußte der Vater wieder über vierzehn Tage die Nächte sitzend zubringen, welches ihn immer mehr ermattete. [...] Leider lag auch in der ersten Zeit der Krankheit der Arzt meines Vaters an einer Augenentzündung nieder und konnte daher den Vater nicht besuchen.[241]

Im Roman kommt während dieser Zeit Wilhelm von Humboldt, dem Goethe die *Elegie* zu lesen gibt und dieser zeigt sich begeistert. Von einer „Jugendlichkeit des Gefühls" und „wirklich himmlischen Verse[n]" schwärmt Humboldt bei Walser, „Schöneres" habe er niemals „geschrieben", und Goethe antwortet, er hätte sein Gedicht „bis jetzt nur einem einzigen Menschen gezeigt" und es werde „nicht gedruckt, vielleicht nie". Man solle „die Leser raten lassen, in welchem Jahr der Dichter geboren worden" sei, und er müsse gestehen, er habe es so lange „lesen müssen", bis er „es jetzt auswendig" könne. (LM, 248f) Zu dieser Passage ließ Walser sich ohne Zweifel von einem Brief Humboldts an seine Frau inspirieren, die Parallelen sind auffallend:

> [...] Er sagte mir, es sei die einzige Abschrift, die davon existiere; er habe sie noch niemandem, ohne Ausnahme, gezeigt und werde sie noch lange nicht, vielleicht nie drucken lassen. [...] Es erreicht nicht bloß dies Gedicht das Schönste, was er je gemacht hat, sondern übertrifft es vielleicht, [...] Ich konnte mich nicht enthalten, ihm zu sagen, daß ich wirklich erstaunt wäre, in ihm noch diese Jugendlichkeit des Talents und des Gefühls, da solchem Gedicht ein wirkliches zugrunde liegen müsse, zu finden, [...] Er sagte darauf selbst, daß man wohl damit dem Leser den Geburtstag des Dichters zu raten aufge-

---

[241] August von Goethe: Brief an Friedrich Schlosser vom 3. Dezember 1823. In: Goethe in vertraulichen Briefen, Bode, S. 176.

> ben könne. [...] Goethe wurde über das Gedicht, von dem er selbst sehr naiv sagte: „Ich habe nicht aufhören können, es so lange zu lesen, bis ich es nun auswendig weiß; ich habe mir auch darin nachgesehn, warum soll man sich solche Genüsse versagen?" – er wurde, wollte ich sagen, über das Gedicht und meine Freude daran so gehoben, daß er, sein Übel vergessend, mit ganz ungewöhnlicher Heiterkeit sprach [...].[242]

Das Heilmittel gegen Goethes Krankheit war demnach das wiederholte Lesen der *Elegie* und so wurde er wenig später, durch Zelters Unterstützung, vollständig gesund. (Vgl. WA III/9, 149ff) Das Wasser aus dem „Kreuzbrunnen" in Marienbad und die „Tasse Arnika-Tee", die Walser erwähnt, gehören ebenso wie die Verbreitung der Nachricht von Goethes Tod zu seiner Krankheit im Februar. (LM, 249 und vgl. WA III/9, 18) Was die klatschwütigen Damen der Weimarer Gesellschaft betraf, so bemerkte die Witwe Schillers, es sei Goethe „doch zu gönnen", dass er „noch einige Jahre glücklich sein könnte", wenngleich sie zynisch hinzufügte: „Täuschungen über das andere Geschlecht" hätte er „sich stets gemacht" und seine „erdichteten Frauen" seien „mehr Wahrheit als die wahren".[243]

Im vorletzten, einem erzählenden Kapitel erinnert sich Goethe an einen Traum, in dem er sich mit Ulrike wieder auf ihrer gemeinsamen Wanderung in Karlsbad befand. Auf ihrem Weg entdeckten sie eine Kirche, welche er als Jakobskirche erkannte. Gemeinsam traten sie ein, die Kirche war festlich geschmückt und voll wie am Tag von Christianes Beerdigung. Viele seiner Bekannten waren dort, sie lächelten Ulrike zu und Ulrike lächelte zurück. Dann küssten sie sich, doch dabei drehte Ulrike ihr Gesicht, um einem orientalisch aussehenden Mann, vermutlich Herrn de Ror, nachsehen zu können. (Vgl. LM, 268) Die Jakobskirche in Weimar ist jene Kirche, in der Goethe Christiane Vulpius nach über achtzehn Jahren Beziehung und viel kritisierter wilder Ehe am 19. Oktober 1806 zu seiner rechtmäßigen Ehefrau machte.[244] Als Christiane nur zehn Jahre später an Nierenversagen starb, wurde sie um 4 Uhr morgens am Jakobsfriedhof beigesetzt. Die Totenmesse fand allerdings nicht in der Jakobskirche, sondern um 15 Uhr in der Stadtkirche St. Peter und Paul, von den

---

242 Wilhelm von Humboldt: Brief an seine Frau vom 19. November 1823. In: Goethe in vertraulichen Briefen, Bode, S. 170f.

243 Charlotte Schiller: Brief an ihren Sohn Ernst vom 28. November 1823. In: Goethe in vertraulichen Briefen, Bode, S. 174.

244 Vgl. Damm, Christiane, S. 328ff.

Einwohnern als Herderkirche bezeichnet, statt.[245] Goethe nahm weder an der Beisetzung noch an der Trauerfeier teil, wie er überhaupt Beerdigungen im Allgemeinen aus dem Weg ging.[246]
Kurz vor Ende des Romans bekommt Goethe als Weihnachtsgeschenk von Julie von Egloffstein und Kanzler von Müller ein Gemälde von Ulrike überreicht. Julie erklärt, sie habe es lediglich fertiggestellt, gezeichnet sei es von einem „Fräulein Fölkersam", einer „Kurländerin" und „Freundin" Ulrikes, welche „in Dresden Kunst" studiere. Diese habe viel von „Goethe und Marienbad" gehört und auch ein Portrait vom großen Dichter gezeichnet. (LM, 270f) Teile dieser Informationen hat Walser vermutlich Ulrikes Aufzeichnungen entnommen, worin es heißt:

> Unter meinen besten Bekannten schloß ich mich besonders an ein Curländer Fräulein Fölkersam; letztere zeichnete Goethe teils nach ihrer Erinnerung und Bildern [von] ihm; sie schickte mir dieses Bild und mein Großvater ließ es mir auf das Buch Wilhelms Wanderjahre binden.[247]

Es war demnach Ulrike, die ein Portrait von Goethe besessen hat. Unwahrscheinlich ist hingegen, dass Goethe jemals ein Bild von ihr besaß, andernfalls wäre es früher oder später aufgetaucht.[248] Allerdings muss in diesem Zusammenhang ein Brief des Kanzlers von Müller erwähnt werden, der genau das Gegenteil vermuten lässt und der Walser möglicherweise bekannt ist. Müller schrieb im Juli 1824 an Julie von Egloffstein:

> Goethe, [...] hat nun mit seiner bekannten Geheimniskrämerei das Bild [Porträt der Auguste Jacobi von Macco] allen seinen Freunden [...] gezeigt, ohne eine Silbe zu verraten, woher es komme oder wem es gehöre oder vorstelle, und nun schwören alle Stein und Bein darauf, es sei die Fräulein Ulrike Levetzow, Goethes Geliebte, und können nicht aufhören, die Liebenswürdigkeit und Schönheit zu preisen [...] Kurz, dieses Bild ist ein wahres Vexierbild für das ganze Goethische Haus,

245 Information aus einem persönlichen E-Mail von Frau Vogel, Stadtkirchnerei Weimar.
246 Vgl. Damm, Christiane, S. 504ff.
247 Levetzow, Erinnerungen, [o. S.] beziehungsweise vgl. Goethe, Michel, S. 346.
248 Vgl. Urzidil, Böhmen, S. 177.

> denn selbst der Sohn und Ulrike [von Pogwisch] bilden sich ein, es sei Fräulein Levetzow.[249]

Das beweist zumindest, dass dieses Gemälde, falls es jemals existiert hat, weder ein Geschenk von Kanzler von Müller, noch von Julie von Egloffstein gewesen war. Ebenso fiktiv ist die Silvestereinladung von Ulrike, die Goethe nach Dresden locken sollte. (Vgl. LM, 279) Diese kann als retardierendes Moment gesehen werden, da der Leser noch einmal auf eine Änderung des – eigentlich von vornherein gewissen – Ausgangs dieser Liebesgeschichte hoffen darf. Dass der Begriff der Retardation von Goethe und Schiller geprägt wurde, entbehrt dabei nicht einer gewissen Ironie.[250] Auf den letzten Seiten des Romans lässt Walser die Hoffnungen der Leser auf einen glücklichen Ausgang schließlich endgültig platzen. Goethe unternimmt eine Kutschfahrt „stadtauswärts", dabei kommt er „über den Marktplatz" und „durch die Schlossgasse zur Kegelbrücke". Dabei sieht er vor der „Posthalterei" einen „Wagen stehen", der offensichtlich neu „bespannt" wird. Daneben stehend entdeckt er „vier Personen" und meint darin die „vier Levetzows" zu erkennen. (LM, 281) Da Goethe allerdings unter Kurzsichtigkeit leidet und sich weigert, eine Brille zu tragen, ist er nicht sicher, ob es sich bei den Reisenden tatsächlich um seine Angebetete und deren Familie handelt. So lässt er Stadelmann wenden, fährt zurück zum Frauenplan und schickt den Diener allein los, um sich der Identität der Wartenden zu versichern. Dieser bestätigt die Vermutung und Goethe wartet nervös und überglücklich auf den lang ersehnten Besuch der Damen. Vor Aufregung leert der Verliebte zwei Flaschen Wein und muss Stunden später erkennen, dass er versetzt wurde. Man erwartet ihn als Stargast bei der Silvesterfeier in Dresden, um ihn den Freunden vorführen zu können, legt aber keinen Wert darauf, ihn privat zu Hause zu treffen. (Vgl. LM, 282ff) Mehr muss er nicht wissen über Ulrike und ihre Gefühle. Das Ende seiner Hoffnungen ist zugleich auch das Ende des Romans.

Historisch belegt ist an dieser Schlussszene Goethes strikte Ablehnung von Brillen. „Eine der merkwürdigsten Absonderlichkeiten Goethes war seine Aversion gegen Brillen und Brillenträger"[251], schreibt beispielsweise Gero von Wilpert. Was die Durchreise der

[249] Kanzler von Müller: Brief an Julie von Egloffstein vom 19. Juli 1824. In: Goethe in vertraulichen Briefen, Bode, S. 185.

[250] Vgl. Hansgerd Delbrück: Retardierendes Moment. In: Metzler Lexikon Literatur, S. 648f.

[251] Wilpert, Goethe, S. 154.

Levetzows durch Weimar betrifft, so kann diese als gesicherte Tatsache gesehen werden, allerdings fand sie wesentlich später, im Herbst 1824, statt. Die älteste Quelle, die dazu Auskunft gibt, ist Suphan, und seine Schilderung ist jener Walsers zum Verwechseln ähnlich. Zuerst rätselt Suphan allerdings noch über die Bedeutung eines Briefes Goethes an Frau von Levetzow, in dem er schrieb:

> [...] so betrübt mich die letzte Nachricht, und wie dort so kann ich jetzt auch keine Worte finden. Es trifft zu, ich bin jenes Tages an der Post vorbeygefahren, habe Personen am Thor stehende begrüst, aber nicht gedacht, daß ich ganz andre dort hätte begrüßen sollen. (WA IV/38, 274)

Dieser Brief, zu dem kein Gegenstück von Amalie von Levetzow erhalten ist, veranlasst Suphan zu der Vermutung, die Familie hätte im September 1824 eine Reise nach Süddeutschland unternommen, welche sie am 16. durch Weimar geführt hätte. Weshalb das Goethe nicht mitgeteilt wurde und man ihm auch keinen Besuch abstattete, wie es eigentlich der Anstand verlangt hätte, ist unklar. Laut Suphan hätte Goethe die Damen theoretisch aber durchaus treffen können, denn:

> Die fahrende Post, der sog. Poststall, wo die im eigenen Wagen reisenden Herrschaften die Pferde wechselten, lag am Kegelplatz; die Kegelbrücke passirte Goethe so oft er „um's Webicht" oder nach dem „unteren Garten" fuhr. Das Tagebuch enthält am 16. September 1824 den Eintrag: „Mit Wolf (dem Enkel Wolfgang) auf der Troschke in den untern Garten und um's Webicht gefahren".[252]

Demnach wäre Goethe unwissentlich an ihnen vorbeigefahren. Walser hat sich mit seiner Version der Geschichte, dass Ulrike auf ein Wiedersehen verzichtete, der Meinung der Mehrheit der Biografen (Gersdorff, Klauß, Simson, Urzidil) angeschlossen. Daneben wäre es allerdings ebenso denkbar, dass Goethe die Levetzows bewusst übersah, wie er ebenso bewusst entschieden hatte, in diesem Sommer nicht wieder nach Marienbad zu fahren. Eine Verabredung dazu muss ursprünglich bestanden haben, denn nur so erklären sich die Anspielungen Amalie von Levetzows in einem Brief vom 28. August 1824.[253] Es wäre möglich, dass Goethe zu diesem Zeitpunkt das Ende

---

252 Suphan, Briefe, S. 41.

253 Vgl. Amalie von Levetzow: Brief an Goethe vom 28. August 1824. Zitiert nach: Gertrud Bäumer: Goethes Freundinnen. Briefe zu ihrer Charakteristik. Leipzig, Berlin: Teubner 1909, S. 314.

der Romanze bereits akzeptiert hatte und vielleicht fürchtete, sich bei einem Wiedersehen erneut in ihr zu verlieren. Appel schreibt zur Flucht Goethes vor Marianne von Willemer, dass es ihm „um die imaginären Gehalte der Liebe weit mehr gegangen" sei als um deren „Realisierung".[254] Genau betrachtet ist diese Flucht vor einer geliebten Frau auch keineswegs die erste, vielmehr ist sie eine von vielen in einer langen Liste von Frauen, die Goethe im Lauf seines Lebens etwas bedeuteten. Ob Anna Katharina Schönkopf, der er aufgrund einer Krankheit entfliehen konnte, Friederike Brion oder Charlotte Buff, die ihn beide nicht sehr lange zu fesseln vermochten, Lili Schönemann, der er trotz Verlobung in die Schweiz entkam oder auch Charlotte von Stein, welche er während seiner Italienreise zwei Jahre lang darben ließ[255] - kein Weg war ihm zu beschwerlich, keine Strecke zu unüberwindlich, wenn es darum ging vor den Frauen zu fliehen, die er angeblich liebte. Vor Ulrike musste er nicht fliehen, er musste lediglich seine Böhmen-Aufenthalte beenden und genau das tat er.

6. Zu den Protagonisten

Die Betrachtung und Analyse der Hauptfiguren des Romans soll, wie bereits in den vorangehenden Kapiteln, im direkten Vergleich zu den historischen Personen vorgenommen werden. Dabei ist zu bedenken, dass Beschreibungen von und über Personen immer subjektiv sind, so sehr sich der/die Beschreibende auch um die Objektivität seiner Darstellung bemühen mag. Bei Goethe kommt neben dem Problem der Subjektivität auch noch die generelle Verehrung seiner Person als Dichterfürst und Universalgenie hinzu. Darüber hinaus konnte oder wollte sich kaum jemand eine negative Kritik an Goethe leisten und so wurde auch seine optische Erscheinung auf diversen Gemälden, im Sinne der heute üblichen Retuscheverfahren, häufig verklärt. Allein dadurch erklären sich Porträts wie jenes von Joseph Stieler, das den 79-Jährigen mit kaum einer Falte im Gesicht, würdevoll in völlig aufrechter Haltung zeigt.[256]

---

254 Appel, Feengarten, S. 490.

255 Vgl. ebda.

256 Vgl. Joseph Karl Stieler: 1828. Ölgemälde auf Leinwand. In: Goethe. Seine äußere Erscheinung. Literarische Dokumente seiner Zeitgenossen. Hrsg. von Emil Schaeffer und Jörn Göres. Frankfurt, Leipzig: Insel 1999. (= insel taschenbuch. 2275) S. 178.

6.1 Das Ulrike-Bild Walsers im Kontrast zur historischen Person

Zum Ulrike-Bild muss zunächst erwähnt werden, dass es bedingt durch das personale Erzählverhalten überaus subjektiv ist. Der Leser lernt die junge Frau aus Goethes stark idealisierter Sicht und Beschreibung kennen, über ihre Gefühlswelt hingegen bleibt er im Ungewissen, eine restringierte Innensicht erhält er lediglich in Form zweier Briefe im dritten Teil des Romans. Dadurch erkennt der Leser erst relativ spät, aber immerhin einige Zeit vor Goethe, wie Ulrike für ihn – oder vielmehr: wie sie nicht für ihn – empfindet.

„Bis er sie sah, hatte sie ihn schon gesehen. Als sein Blick sie erreichte, war ihr Blick schon auf ihn gerichtet" (LM, 9). Bereits der erste Satz des Romans vermittelt den Eindruck, Ulrike von Levetzow, diese sehr junge Frau, sei dem großen Goethe immer einen Schritt voraus und dieser Eindruck hält sich bis zum bitteren Ende. Der Leser erkennt rasch, mit welcher ungewöhnlichen und beeindruckenden jungen Dame der alte Dichter zu tun hat, wenn auch die Beschreibung ihres Charakters ein wenig widersprüchlich erscheint. Zu Beginn schwärmt Goethe von ihr als der „Ruhigste[n], Bestimmteste[n], Unbewegbarste[n]" (LM, 28) ihrer Familie, wenig später bewundert er ihre „ungenierte Lebhaftigkeit" und „ihr bedenkenloses Temperament" (LM, 74), und gegen Ende des Romans bezeichnet Ulrike selbst sich gar als „die vom Wirbelsturm Zerzauste" (LM, 264). Völlig evident ist hingegen Ulrikes hoher Intellekt und ihre hervorragende Bildung, welche an vielen Stellen im *Liebenden Mann* hervorgehoben werden. Als sie beispielsweise über Goethes „Satzhoheiten" reflektiert, kommt sie zu dem Schluss, dass seine Sätze „wenn man sie umdreht, genau so wahr" wären und beweist ihm dies fortan mehrmals. (LM, 33) Diese Erkenntnis stammt eigentlich von Hersilie, einer Figur aus Goethes Roman *Wilhelm Meisters Wanderjahre*.[257] In diese Figur wiederrum plant Walsers Goethe einige Charaktereigenschaften Ulrikes einfließen zu lassen (vgl. LM, 20), ein Gedanke, dem Christa Bürger dezidiert widersprechen würde, meint sie doch in Hersilie Züge der Schwiegertochter Ottilie erkennen zu können.[258] Auffallend untypisch für eine junge Frau des 19. Jahrhunderts ist darüber hinaus ihr gesteigertes Interesse am „Fortschritt der Ingenieurwissenschaften" (LM, 139), aber auch ihre altersweisen, philosophischen Erkenntnisse über das Glücklichsein (vgl. LM, 164), die *Elegie* (vgl. LM,

---

[257] Vgl. Goethe, Wanderjahre, S. 607.

[258] Vgl. Christa Bürger: Goethes Eros. Frankfurt, Leipzig: Insel 2009. (= insel taschenbuch. 3325.) S. 191ff.

226) und das Küssen (vgl. LM, 234). Alle diese Szenen sowie jene, in der sie aus dem Stegreif bei einem ihrer gemeinsamen Spiele ein Zitat aus *Egmont* erkennt (vgl. LM, 251), zeugen von einer umfassenden Ausbildung, welche der historischen Ulrike in ihrem Mädchenpensionat gewiss nicht zuteilgeworden war – immerhin hatte sie bis zu ihrem Kennenlernen noch nie etwas von Goethe gehört.[259]

Sowohl in der Beschreibung von Ulrikes Wesen als auch in dem, was ihre Intelligenz betrifft, widersprechen die Biographen Walser dezidiert. Simson meint beispielsweise, die reale Ulrike sei, „von Natur nach innen gekehrt", von einer „heiteren Zartheit und Höflichkeit" gewesen und Männern gegenüber stets „kühl und unantastbar" geblieben.[260] Ähnlich sieht das auch Bäumer, die schreibt, Ulrike wäre „neben den lebhaften, übermütigen Schwestern als die stillere, weniger glänzende", vor allem durch ihre „Einfachheit" und „Feinheit" aufgefallen.[261] Appel geht von einer „spröden und keuschen" historischen Ulrike aus, die ein auffallendes „Gegenbild" zur „selbstbewußte[n] Künstlerin" Szymanowska gewesen sei.[262] Nun könnte spekuliert werden, dass vielleicht eben diese Ruhe und Ausgeglichenheit Goethe magisch angezogen haben. Alle Welt wollte sich mit ihm unterhalten, seine Meinung zu den Dingen des Lebens wissen und ihn ausschweifend philosophieren hören. Dieses ruhige, fröhlich-sanfte Mädchen, das in einem starken Kontrast zu seiner Schwiegertochter stand, blickte zu ihm auf, ohne etwas von ihm zu fordern, voller Respekt und kindlicher Zuneigung. Auch wenn es möglicherweise sarkastisch ist, dass Meuer von ihren „schlichten Gaben des Geistes"[263] schreibt, so war sie doch zweifellos weit weniger gebildet und selbstbewusst als in Walsers Roman vermittelt wird.

Des Weiteren fällt an der fiktiven Ulrike auf, dass sie Goethe häufig kritisiert, was ihn keineswegs zu stören scheint. Ob sie meint, es „dürfe" mehr „Entschiedenheit" von ihm „erwartet werden" (LM, 14), ihn für eine „Peinlichkeit" gegenüber ihrer Schwester rügt (LM, 35) oder ihm vorhält, er wolle „immer alle übertreffen" (LM, 42), Goethe duldet ihre Kritik nicht nur, er scheint sie sogar zu genießen (vgl. LM, 257). Es ist sowohl anzuzweifeln, dass der historische

259 Vgl. Levetzow, Erinnerungen, [o. S.]

260 Gerhard Simson: Ulrike von Levetzow. Goethes Abschied vom Eros. In: Ders.: Schicksal im Schatten. München: Beck 1970, S. 147ff.

261 Gertrud Bäumer: Goethes Freundinnen. Briefe zu ihrer Charakteristik. Leipzig, Berlin: Teubner 1909, S. 313.

262 Appel, Feengarten, S. 520.

263 Meuer, Liebschaft, S. 55.

Goethe, Verliebtheit hin oder her, das in dieser Form geduldet, als auch, dass Ulrike das jemals gewagt hätte. Walsers Ulrike neigt also neben ihren vielen positiven Eigenschaften ein wenig zur Kritiksucht, vor der selbst ihre Mutter nicht verschont bleibt (vgl. LM, 56). Dieses Charakteristikum ist vielleicht der markanteste Gegensatz zur historischen Ulrike, der als Tochter aus gutem Hause ein derartiges Benehmen gewiss fremd war und das schließlich auch den Erziehungsgrundsätzen sowie der Etikette des 19. Jahrhunderts drastisch widerwidersprochen hätte. Walsers Ulrike ist demnach eine intelligentere und vor allem emanzipiertere Version der historischen Ulrike von Levetzow.

Was Walser äußerst exakt getroffen hat, sind der Stolz und die Freude Ulrikes über die ihr von Goethe entgegengebrachte Aufmerksamkeit. Sie weiß, dass er es genießt, mit ihr gesehen zu werden und er sie mit Vorliebe als ein ins Gespräch vertieftes Paar präsentieren möchte, woran sie aktiv mitwirkt. (Vgl. LM, 44) Auf Doktor Rehbeins Verlobungsfeier werden die Ehrengäste begrüßt und Ulrike beginnt erst zu applaudieren, als sie feststellt, dass der Beifall für Goethe stärker ist als der für Carl August – das heißt ihr imponiert sein Status. (Vgl. LM, 50) Darüber hinaus gesteht sie, es „würde ihr gefallen, mit einer Exzellenz per Du zu sein“, ein Wunsch, den Goethe ihr bereitwillig erfüllt. (LM, 159) Als Goethe Ulrike während eines Konzerts von Frau Milder eingehend betrachtet und meint durch ihre Mimik die Musik noch intensiver wahrnehmen zu können, demaskiert Amalie (eigentlich Amélie) ihre Schwester Ulrike, indem sie behauptet, diese hätte sehr wohl bemerkt, dass Goethe sie angestarrt hätte und ihm bewusst „das Gesicht geliefert, das er brauchte“. (LM, 153) Demzufolge spielt Ulrike auch mit Goethes Interesse, und wie hätte es der 19-Jährigen auch nicht gefallen können, als sein „Favorit-Töchterchen“[264] von anderen Gästen beneidet, mit ihm täglich „Hand in Hand“[265] auf der Promenade zu flanieren? Die Mehrheit der Biographen ist sich dennoch darüber einig, dass Goethe für Ulrike nicht mehr als ein großväterlicher Mentor war, wie sie auch selbst in ihren *Erinnerungen* betonte:

> [E]s fiel auch sicher Niemandem und auch meiner Mutter nicht ein, in dem vielen Zusammensein etwas Anderes als ein Wohlgefallen eines alten Mannes, welcher mein Großvater

[264] Friedenthal, Goethe, S. 347.
[265] Urzidil, Böhmen, S. 164.

> hätte sein können nach den Jahren, zu einem Kind, welches ich ja noch war, zu finden.[266]

Dieses Bild vermittelt unter der Oberfläche auch Walser, obwohl der Leser dem ersten Anschein nach meinen könnte, die leidenschaftliche Zuneigung würde auf Gegenseitigkeit beruhen. Dabei muss jedoch bedacht werden, dass die Geschichte aus der Sicht Goethes geschildert wird und dieser seine eigene subjektive Wahrnehmung gekoppelt mit seinen Hoffnungen und Wünschen weitergibt. Dennoch finden sich einige Passagen, die Ulrikes wahres Empfinden deutlich erahnen lassen. Zunächst das Offensichtliche: Als Goethe ihr von seinem Antrag erzählt, sagt Ulrike in seiner Gegenwart kein einziges Wort dazu, und die Antwort, die sie später durch Carl August übermitteln lässt, ist an Nüchternheit und Kalkül kaum zu übertreffen. (Vgl. LM, 118ff) Das Geburtstagsgeschenk für Goethe, die blassrote Schleife ihres Lotte-Kostüms (vgl. LM, 146), deutet ebenso auf einen negativen Ausgang der Liebesgeschichte hin wie die Haare Goethes, welche sie als Erinnerungsstücke von Eckermann kauft (vgl. LM, 166). Daneben bezeichnet sie Goethe, wenig romantisch, als ihren großen „Gesprächsmeister", von dem sie „sprechen gelernt" hat. (LM, 263) Als Goethe schließlich beginnt, Zweifel an ihren Gefühlen zu hegen, erinnert er sich daran, wie sie auf ihren gemeinsamen Spaziergängen ihre Schritte gezählt hat, während er ihr, in der Hoffnung sie würde zuhören, Metaphern über die Treue ins Ohr flüsterte. (Vgl. LM, 253) Auch, dass sie sein Abschiedsgeschenk, ein goldenes Kettchen mit einem Ginkgoblattanhänger, niemals angelegt hat, wird ihm erst später bewusst. (Vgl. LM, 270)

Im Übrigen sah es in der Realität für Goethe nicht wesentlich besser aus. Lediglich zwei Biographen meinen in Ulrikes Verhalten gegenüber Goethe eine Verliebtheit erkennen zu können. Zum einen Peter Meuer, der von der „vorzüglichen Figur" Goethes berichtet, welche auf „Damen" jeden Alters „Eindruck" gemacht habe und dessen „werbende[s] Verlangen" vonseiten Ulrikes immerhin „nicht ganz erfolglos geblieben" sei.[267] Und zum anderen Dagmar von Gersdorff, die meint, es müsse zumindest „zu einer kleinen erotischen Episode gekommen sein", sonst wäre Goethe nicht im Besitz ihrer Handschuhe gewesen. Sie sieht in diesem intimen Geschenk, das Ulrike in ihren Aufzeichnungen nicht erwähnt hat, eine „stellvertretend[e]"

---

266 Levetzow, Erinnerungen, [o. S.]

267 Meuer, Liebschaft, S. 70ff.

Leihgabe „für die Hand", um die Goethe sie gebeten hatte.[268] Darüber hinaus stützt sie ihre Theorie auch auf ein Gedicht, welches er Ulrike in Marienbad zukommen ließ, in dem es unter anderem heißt: „Ein süßer Mund blickt uns gar freundlich an, / wenn er uns einen Kuss gegeben. //"[269] Hätten sich die beiden nicht geküsst, so meint sie einleuchtend, hätte er ihr dieses Gedicht, das er, nebenbei erwähnt, nicht exklusiv für sie verfasst hatte, keinesfalls schenken können.[270]

Wie Ulrike 1823 für den Dichter auch empfunden haben mag, im *Liebenden Mann* ist die Situation allenfalls eine andere, denn es gibt neben Goethe noch einen weiteren Brautwerber, der Ulrike nicht unbedeutend zu sein scheint. Herr de Ror, ein exotischer und sagenhaft reicher Schmuckhändler, der nebenbei Gedichte übersetzt, angeblich siebzehn Sprachen spricht und tanzt wie ein kleiner Gott, wirbt offen und mit allen Tricks um Goethes Angebetete. (Vgl. LM, 58f) Obwohl Goethe das äußerst ungelegen kommt und er die Kapriolen des jungen Kontrahenten verabscheut, scheint Ulrike doch einigermaßen beindruckt von ihm zu sein. Während der Verlobungsfeier von Doktor Rehbein nimmt sie nach einem gemeinsamen Tanz neben dem orientalischen Casanova Platz und wendet sich, zu Goethes Unbehagen, wie eine „Sonnenblume" ganz und gar Herrn de Ror, der ihre „neueste Sonne" zu sein scheint, zu. (LM, 63) Zu Goethes Bestürzung lässt sie wenig später auch noch geschehen, dass er „seinen Arm auf die Lehne von Ulrikes Stuhl" legt und mit ihr auf Französisch flirtet. (LM, 66) Tags darauf zieht sie Goethe, wie einen Freund oder gütigen Großvater, ins Vertrauen und berichtet ihm vom Verlauf des restlichen Abends, von dem sie offensichtlich noch völlig aufgeregt und durcheinander ist. Nachdem de Ror sie stürmisch geküsst hatte und sie davonlaufen konnte, war sie atemlos „[...] in ihrem Zimmer [angelangt], schloss zu, zitterte, sie weiß nicht, wie lang, sie stand noch an der Tür, horchte, ob er ihr gefolgt sei" und wisse angeblich nicht mehr wie sie es ins Bett geschafft habe. Danach konnte sie lange „nicht einschlafen", fügt sie ihrer Schilderung noch hinzu und bittet den alten Herrn gewissermaßen um Absolution. (LM, 88) Außerdem will sie von ihm wissen, ob sie de Rors Überfall durch ihr Verhalten provoziert hat und Goethe, dem unter Schock keine Antwort einfallen will, fragt nach dessen bisher unbekanntem Vornamen.

---

268 Gersdorff, Ulrike, S. 71.

269 Goethe Gedichte, Trunz, S. 378.

270 Vgl. Gersdorff, Ulrike, S. 61.

Den, so erklärt sie, hätte er ihr zwar anvertraut, sie dürfe ihn jedoch erst weitersagen, nachdem sie seine Frau geworden sei, und dieses in sie gesetzte Vertrauen wolle sie auch für Goethe nicht brechen. Nach dieser Hiobsbotschaft küsst sie ihn oder vielmehr berührt sie sanft seinen Mund mit ihrem Mund, und obwohl Goethe Angst vor dem direkten Vergleich mit seinem jüngeren Rivalen hat, lässt er es geschehen. Er ist glücklich und bemerkt nicht, dass der Kuss Ulrike keineswegs, wie jener in der Nacht, aus der Verfassung gebracht, sondern vielmehr beruhigt zu haben scheint. (Vgl. LM, 89ff)

Nachdem de Ror Ulrike in Straßburg besucht hat, schreibt sie Goethe, dass sie, die Schmuck immer abgelehnt hatte, nun eine Smaragdkette besitze, da sie sein Geschenk auf Probe unmöglich hätte ablehnen können. Der Orientale habe ihr auch wieder einen anderen Vornamen verraten, doch dieses ganze Geplänkel sei ohne jede Bedeutung, sodass sie eigentlich nicht davon schreiben dürfe. Sie meint, Goethe könne mit seiner Lebenserfahrung ihre Situation viel besser einschätzen als sie, und schließlich gesteht sie, dass ihr sowohl der Schmuck als auch die Abenteuerstimmung, in welcher sie sich befindet, gefallen würden. Am Ende des Briefes eröffnet sie dem ohnehin schon alarmierten Goethe, die ganze Geschichte sei ein Komplott ihrer Mutter und des Grafen Klebelsberg, die sie verheiratet sehen wollten, um endlich selbst Hochzeit feiern zu können. Obwohl sie mehrmals betont, Herr de Ror sei eine überaus gute Partie, geschähe das alles angeblich gegen ihren Willen und sie bliebe weiterhin seine „ergebene" Ulrike. (Vgl. LM, 261ff) All diese Anzeichen und die Tatsache, dass sie Goethe auf ihrer Durchreise durch Weimar nicht sehen will, lassen auch für die fiktive Ulrike nur einen Schluss zu, den ihre historische Doppelgängerin folgendermaßen formulierte: „[...] keine Liebschaft war es nicht".[271] Die doppelte Verneinung, die Ulrike für ihre Beteuerung wählte, gab vielfach Anlass zu Spekulationen. Eine plausible Erklärung dafür liefert Wilhelm Pfeifer, dessen Werk jedoch insgesamt skeptisch betrachtet werden sollte, da er eine fiktive Passage aus Joachim Fernaus Roman *Goethes letzte Liebe*,[272] von dem er offensichtlich auch den Titel übernommen hat, als historischen Tagebucheintrag Goethes zitiert.[273] Die zweifache Verneinung, führt Pfeifer auf den Einfluss der tschechischen Sprache zurück und meint

271 Levetzow, Erinnerungen, [o. S.]

272 Vgl. Joachim Fernau: Goethes letzte Liebe. War es schön in Marienbad. Hildesheim: Claassen 1994, S. 228f.

273 Vgl. Wilhelm Pfeifer: Goethes letzte Liebe. Die Geschichte der Ulrike von Levetzow. Backnang: Niederland 1997, S. 40.

Ulrike hätte sie, gewohnt vom „Umgang“ mit dem „Personal“, „zur besonderen Unterstreichung ihrer Feststellung“[274] benützt. Diese Theorie ist zumindest glaubwürdiger als die Spekulation, dass Ulrike damit implizit eine Affäre zugegeben hätte.

Andrea Köhler brachte es auf den Punkt, als sie in ihrer Rezension in der NZZ schrieb, Walser hätte eine Ulrike erfunden, „in die ein Goethe sich hätte verlieben können“, denn diese Ulrike begegnet ihm, „mit genuinen Walser-Sätzen“ auf „Augenhöhe“.[275] Walser bediente sich bei der Konzeption dieser Figur einiger Anregungen, so legt er ihr, wie bereits erwähnt, Goethes Vergleich zwischen Marienbad und Amerika in den Mund (vgl. LM, 42) und verwendet zudem Anleihen aus Lili Partheys Aufzeichnungen. Diese behauptete beispielsweise, sie könne nach der Begegnung mit Goethe seine Werke bedeutend besser verstehen,[276] was an Ulrikes Bekenntnis während ihrer gemeinsamen Wanderung erinnert (vgl. LM, 165). Ulrikes Bemerkung, Carl August habe mit seiner „ungeheuer breiten weißen Weste“ (LM, 108) wie ein Bäcker ausgesehen, findet sich fast wortwörtlich ebenso in Lilis Tagebucheintrag, wie die Behauptung, Goethe habe in Gesprächen häufig „ach“ (LM, 254) beziehungsweise „ach ja“ (LM, 87) eingestreut.[277]

Zu Ulrikes weiterer Lebensgeschichte sei abschließend noch Weniges ergänzt. Sie blieb, wie Amalie Goethe 1829 in einem Brief mitteilte, „wie sie war, gut, sanft, häuslich“ und sorgte für ihre Schwestern und deren Kinder „heiter ohne lustig zu sein“. Darüber hinaus habe ihr ihre „immer gleich bleibende Laune“ und „ihr gefälliges anspruchsloses Wesen“ beinahe „aus allen Bekannten – Freunde“ gemacht, was die stolze Mutter als großes Glück empfand.[278] Nach 1824 lebte Ulrike mit ihrer Mutter, dem Grafen Klebelsberg und den Schwestern abwechselnd in Wien, Prag und später auf Schloss Trziblitz im böhmischen Mittelgebirge. Das prachtvolle Anwesen des Grafen, für das Walser die Schreibweise „Trschiblitz“ (LM, 263) wählt, wurde für Ulrike zur eigentlichen Heimat, die sie nicht einmal für eine Ehe verlassen wollte. Angeblich soll sie vierzehn Anträge abgelehnt haben, was davon historisch oder Mythos ist, kann aus der zeitlichen Distanz nicht mehr eruiert werden. Über ihrem Schreib-

---

274 Pfeifer, Liebe, S. 92.

275 Köhler, Marienbad, S. 45.

276 Vgl. Parthey, Tagebucheintrag, S. 114.

277 Vgl. ebda, S. 120ff.

278 Amalie von Levetzow: Brief an Goethe vom 6. September 1829. Zitiert nach: Loeper, Trilogie, S.185.

tisch hätte ein Porträt Goethes gehangen und seine Geschenke, Gläser, eine Tasse und getrocknete Blumen, soll sie verwahrt haben. Neben dem Reiten liebte sie Tiere und betrieb mit Bertha zusammen eine Spinnschule für die Mädchen im Dorf. Sie wurde zur Ehren-Ehrenstiftsdame eines nahen Klosters und zur Patronin des Ortes. Eine tiefe Zuneigung verband sie mit ihrem Stiefbruder Theodos, dem sie mehr als 500 Briefe geschrieben haben soll. Nach dem Tod des Grafen Klebelsberg, der ihr seinen Besitz vererbte, wurde sie zu einer gerechten und wohltätigen Gutsherrin, die von ihren Angestellten hoch geschätzt wurde.[279]

Über ihre Beziehung zu Goethe wollte sie lange Zeit überhaupt nicht sprechen, allein die vielen ‚falschen' Gerüchte und die Überredungskünste des Germanisten August Sauer konnten sie dazu bewegen, ihre Erinnerungen aufzuschreiben.[280] Es ist anzunehmen, dass Walser Gersdorffs Büchlein über Ulrike kennt, denn einige Punkte daraus finden sich relativ analog auch in seinem Roman. Zum einen die Information, dass Ulrike ziemlich groß, größer als ihre Mutter, gewesen sein soll (vgl. LM, 11), zum andern der Name ihrer letzten Zofe (vgl. LM, [287]) sowie die lavendelblauen Briefe (vgl. LM, 116), die sie Goethe im Roman schreibt. Auch die „Letzte Nachricht" (LM, [287]), der Anhang des Romans sozusagen, erinnert an Gersdorffs Aufzeichnungen. Interessant daran ist, dass die Information über Ulrikes Ableben bei Walser von der Kammerzofe kommt, während Gersdorff schreibt, ein Kammerdiener habe auf einem „Kärtchen" vom Tod seiner Herrin berichtet. Voneinander abweichend ist schließlich auch der Todestag Ulrikes, im *Liebenden Mann* ist es der 12., in Gersdorffs Buch der 13. November. Ob vor oder nach ihrem Tod Briefe von Goethe verbrannt wurden, wie Walser glauben machen möchte, lässt sich weder belegen noch falsifizieren. Wie auch immer, Ulrike von Levetzow starb 1899 als sehr alte Frau und wurde in der Familiengruft auf Schloss Trziblitz bestattet. Ihren Sarg schmückte ein Kranz von Herbstblumen aus Goethes Garten in Weimar.[281]

---

279 Vgl. Gersdorff, Ulrike, S. 100ff.

280 Vgl. Vera-M. Appel: Zu dieser Ausgabe. In: Levetzow, Erinnerungen, [o. S.]

281 Vgl. Gersdorff, Ulrike, S. 100ff.

6.2 Das Bild Goethes im *Liebenden Mann*

Walsers Goethe ist äußerst exakt konturiert, Tiefe und Glaubwürdigkeit erhält die Figur zudem durch die Miteinbeziehung und Verwendung historisch belegter Aussagen. So ist beispielsweise weithin bekannt, dass Goethe tatsächlich ein überzeugter Neptunist war (vgl. LM, 14), wie er mehrmals offen bekannte.[282] Der Neptunismus war eine im 17. und 18. Jahrhundert verbreitete Auffassung über die Entstehung der Erdoberfläche. Anhänger dieser Auffassung, als deren Hauptvertreter Abraham Gottlob Werner genannt werden kann, gingen davon aus, dass „das an der Erdoberfläche wirksame Wasser die Haupttriebkraft der geologischen Vorgänge sei und (fast) alle Gesteine als aus dem Wasser niedergeschlagene Sedimente zu deuten“[283] seien. In einem Gespräch mit Grüner betonte Goethe 1822, er habe sein Leben lang „keinen Tabak geraucht, nicht Schach gespielt, kurz nichts betrieben, was die Zeit rauben könnte“[284], was auch Walsers Protagonist in beinahe denselben Worten gegenüber den Damen Levetzow erwähnt. (Vgl. LM, 18)

Interessant ist daneben Ulrikes Beobachtung, Goethe lasse den rechten um den linken Daumen kreisen (vgl. LM, 238), eine Angewohnheit, die auch von Wilhelm Häring und Karl Grüneisen bei einem Besuch in Weimar nicht unbemerkt blieb.[285] Dass Goethe meist mit hinter dem Rücken verschränkten Armen in seinen Zimmern auf und ab schritt (vgl. LM, 22/78), ist vielfach bezeugt und von Christian Daniel Rauch sogar als Motiv für eine Statuette verwendet worden.[286] Diese Pose „ergab seine eingeübte, stattliche Erscheinung“ (LM, 22), schreibt Walser und erzeugt damit beim Leser den Eindruck, als würde Goethe sich selbst inszenieren, wozu auch sein Bekenntnis, in Weimar sei sein „Leben mehr Theater als Leben“ (LM, 15), passt. Insgesamt versucht der liebende Mann Ulrike häufig zu imponieren, beispielsweise wenn er den Schreiber John, der die Post bringt, wieder fortschickt mit der Anweisung zurückzukommen, nachdem „das Fräulein von Levetzow da sei und Platz genommen habe“(LM, 28). Sie soll, so scheint es, mit eigenen Augen sehen, wie

---

282 Vgl. Goethes Gespräche, Biedermann, Bd. 3, S. 186.

283 Otfried Wagenbreth: Neptunismus/Vulkanismus. In: Goethe Handbuch 4.2, S. 801.

284 Goethes Gespräche, Biedermann, Bd. 4, S. 197.

285 Vgl. Wilhelm Häring; Karl Grüneisen: 13. September 1824. In: Goethe Erscheinung, Schaeffer, S. 34.

286 Vgl. Gustav Friedrich Konstantin Parthey: 30. August 1827. In: Goethe Erscheinung, Schaeffer, S. 38f, 180.

bedeutend er ist und wie dringend er noch gebraucht wird. Auch den Wunsch noch einen weiteren Sohn zu haben, mit dem er Ulrike verheiraten könnte, hat Goethe Urzidil zufolge tatsächlich einmal geäußert,[287] nur bei Walser bekennt er dazu sehr ehrlich, das sei schon damals „väterlich verlogen“ (LM, 29) gewesen.

Ebenso wie er es liebt, sich und Ulrike vorzuführen, präsentiert Goethe Ulrike voller Stolz berühmte Persönlichkeiten, die er kennt, Anwesende wie Verstorbene, darunter Napoleon, mit dem sie angeblich den „steten Blick“ (LM, 38f) gemeinsam habe. Mitunter fallen ihm dann seine Inszenierungen selbst auf, wie zum Beispiel in jener Szene, als er Scotts Romane zwar wertschätzt, aber zu bedenken gibt, dass diesem aufgrund der bewegten Geschichte seines Landes wesentlich interessantere Stoffe zur Verfügung gestanden hätten als ihm in Deutschland. Er bereut diese Abwertung Scotts in dem Moment, indem sie ihm passiert, und gesteht sich ein, das nur getan zu haben, um den eigenen Roman aufzuwerten. (Vgl. LM 64f) Nun könnte man vermuten, Walser hätte das konstruiert, um Goethe mit seinem Imponiergehabe scheitern zu lassen, tatsächlich war das aber nicht Walsers Idee. Goethe hat so etwas in einem anderen Zusammenhang, wenn auch diplomatischer, tatsächlich einmal formuliert. In Scotts Romanen, heißt es dort, sei:

> „[...] freilich alles groß: Stoff, Gehalt, Charaktere, Behandlung, und dann der unendliche Fleiß in den Vorstudien, sowie in der Ausführung die große Wahrheit des Details! Man sieht aber, was die englische Geschichte ist, und was es sagen will, wenn einem tüchtigen Poeten eine solche Erbschaft zu Theil wird. Unsere deutsche Geschichte in fünf Bänden ist dagegen eine wahre Armuth [...]“.[288]

Als Goethe sich, getrennt von Ulrike, in Eger bei Grüner aufhält und insgeheim ein Wiedersehen herbeisehnt, schreibt Walser, er übertreibe „sein Interesse an gar allem“ (LM, 130), womit er der Wahrheit vermutlich sehr nahe kommt. Goethes Tagebuchnotizen zeigen für diesen Zeitraum ein bemerkenswertes Programm, welches sich der alte Herr zur Ablenkung, so scheint es zumindest, verordnet hatte. (Vgl. WA III/9, 96ff) Als er kurz vor seiner Rückkehr nach Weimar Geschenke für seine Enkel kaufen möchte, bringt er es nicht übers Herz, „unter den Augen Ulrikes, als Großvater aufzutreten“, was mehr als verständlich ist. (LM, 168) Gegen Ende des Romans wird

---

[287] Vgl. Urzidil, Böhmen, S. 160.
[288] Goethes Gespräche, Biedermann, Bd. 8, S. 44.

das Theater dann immer offensichtlicher. Zuerst bittet er Ottilie halbherzig um Entschuldigung (vgl. LM, 239), um sie, nachlässig geworden, kurz darauf ein Liebesgedicht abfangen zu lassen (vgl. LM, 255), dann gesteht er, „den Entsagenden" nur gespielt zu haben (LM, 252), heuchelt aber vor seinen Mitarbeitern weiter Desinteresse an Ulrikes Briefen (vgl. LM, 260) und ‚outet' sich schließlich vor Stadelmann, indem er befiehlt, alle Erinnerungen an Marienbad und Karlsbad sofort verbrennen zu lassen (vgl. LM, 275).

Neben dem Druck, permanent schauspielern zu müssen, leidet Goethe auch wie jeder frisch Verliebte an den typischen Symptomen dieses Zustandes. Einerseits quälen ihn Nervosität (vgl. LM, 71) und innere Unruhe (vgl. LM, 225), die das Schlafen beinahe unmöglich machen (vgl. LM, 180), andererseits plagen ihn Sehnsucht (vgl. LM, 273) und berechtigte Zweifel an Ulrikes Gefühlen (vgl. LM, 214). Neben diesen unangenehmen, aber gewöhnlichen Begleiterscheinungen der Verliebtheit treten nun bei Goethe noch weitere belastende Ängste, bedingt durch den Altersunterschied, hinzu, die seine Unsicherheit und Eifersucht negativ begünstigen. Obwohl er, wie er sagt, niemals „Gehschwierigkeiten" hatte, wird er plötzlich unsicher, was seinen Gang betrifft, weil er glaubt, Ulrike würde ihm nachsehen, und ist enttäuscht, als er merkt, dass sie es nicht getan hat. (LM, 48) Wenig später passiert, was er durch seine Befürchtungen und Ängste geradezu heraufbeschworen hat, er stürzt vor ihren Augen und wird sich schlagartig seines Alters bewusst. (Vgl. LM, 105) Auf Herrn de Ror, diesen „gerade noch junge[n] Mann", ist Goethe vom ersten Augenblick an eifersüchtig, und zwar nicht nur, weil er mit Ulrike tanzt und flirtet, sondern, weil er intuitiv spürt, dass dieser auch altersmäßig zu ihr passt. (LM, 58) In seinen Briefen beschuldigt er ihn der möglichen Diamantenfälschung und lästert über seine kalten Augen. (Vgl. LM, 208ff) Als alles verloren scheint und sich Ulrike und de Ror in Straßburg treffen, peinigt sich der „große Selbsttäuscher", indem er sich die zwei „in allerhöchster Liebeswut" leidenschaftlich „auf einander, über einander" und „in einander" vorstellt. (LM, 241f) Auch dem historischen Goethe wird es ohne de Ror nicht wesentlich besser ergangen sein. An Zelter, dem gegenüber er sich nie verstellen musste, schrieb er bereits aus Eger von einer „krankhaften Reizbarkeit" (WA IV/37, 192), die sich nach der endgültigen Trennung von Ulrike noch verstärkt haben dürfte.

Allerdings wirkt Ulrike, zumindest während des Zusammenseins, auch „belebend" (LM, 32) auf ihn und dient ihm wie ein Jungbrunnen als „Lebenszufuhr" (LM, 46). Wie Walser in diesem Zusammenhang richtig erwähnt, ist Goethes vorübergehende Verjüngung auch anderen Personen aufgefallen, Karoline von Humboldt zum Beispiel berichtete ihrem Mann aus Marienbad begeistert von Goethes gutem Aussehen.[289] In einigen Situationen meint Walsers Goethe gar, er und seine fünfzig Jahre jüngere Geliebte seien „gleich alt" (LM, 102) und wenn er sie nur lieben dürfte, wäre er „unsterblich" (LM, 98). Die Reflexionen über die Ehe und die Frauen im *Liebenden Mann* sind durchaus als ‚goethisch' zu bezeichnen. „Die Ehe, das weiß er, ist eine Form, etwas Unmögliches möglich zu machen, ist aller Ehren wert, aber wer es ernst meint, bedarf ihrer nicht", lässt Walser seinen Goethe philosophieren. (LM, 118) Während der zweite Teil dieser Aussage wohl eher Walser zuzuschreiben ist, weswegen er aber nicht weniger Wahrheit besitzt, notierte Kanzler von Müller im Herbst 1823 tatsächlich ähnlich skeptische Worte Goethes:

> Der Mensch sei aber demohngeachtet stets getrieben, das Unmögliche vereinigen zu wollen. Fast alle Gesetze seien Synthesen des Unmöglichen; z. B. das Institut der Ehe. Und doch sei es gut, daß dem so sei, es werde dadurch das Möglichste erstrebt, daß man das Unmögliche postulire.[290]

Was Goethes Meinung über die Frauen betrifft, so war diese stark situations- und gefühlsabhängig, weshalb man dazu äußerst konträre Aussagen findet. Grundsätzlich scheint es aber, als wäre seine Einstellung zu Frauen im Alter positiver und milder geworden. Während er 1809 noch meinte, „Weiber scheinen keiner Ideen fähig, - kommen mir sämtlich vor wie die Franzosen, - nehmen überhaupt von den Männern mehr als daß sie geben [...]"[291], bekannte er 1828 gegenüber Eckermann, die Frauen seien „silberne Schalen, in die wir goldene Äpfel legen"[292]. Was ihre Stellung in der Gesellschaft betraf, war er jedoch bereits 1801 der Meinung gewesen, „[...] daß bei allen gebildeten Nationen die Frauen im ganzen das Übergewicht gewinnen [...]"[293] müssten, deshalb ist es keineswegs haltlos, wenn Walser ihn schreiben lässt, die Welt würde von Frauen gerechter verwaltet. (Vgl. LM, 155)

---

289 Vgl. Karoline von Humboldt: Brief an ihren Mann vom 20. August 1823. In: Goethe in vertraulichen Briefen, Bode, S.153.

290 Goethes Gespräche, Biedermann, Bd. 4, S. 295.

291 Goethes Gespräche, Biedermann, Bd. 2, S. 253.

292 Ebda, Bd. 6, S. 355.

293 Johann Wolfgang von Goethe: Die guten Frauen als Gegenbilder der bösen Weiber. Frankfurt: Insel 1986. (= insel taschenbuch. 925.) S. 53f.

Ulrike betreffend ist eine kleine Änderung Walsers zu erwähnen. Im *Liebenden Mann* wird mehrmals darauf hingewiesen, dass Goethe Ulrikes Vortragskunst im Vorjahr „nichts als kritisiert“ (LM, 17) hatte, während er in diesem Jahr begeistert feststellt, dass sein *Werther* „noch nie so [gut] gelesen worden“ (LM, 164) sei. In Wahrheit fand seine Kritik an ihrem Vortrag aber nicht 1822, sondern 1823 statt. Goethe notierte zwei Tage vor der endgültigen Trennung in seinem Tagebuch: „Ulricke fuhr fort den schwarzen Zwerg zu lesen, im ganzen natürlich und gut; sie müsste sich zu mehr Energie und Darstellungs-Lebhaftigkeit bequemen“. (WA III/9, 108) Goethe fand demnach durchaus Kritikpunkte an der jungen Frau und war sich möglicherweise auch der (intellektuellen) Unterschiede zwischen ihnen bewusst, was allerdings nicht zwangsläufig etwas an seinen Gefühlen für sie verändert haben muss, denn Anfang 1824 meinte er zu Eckermann:

> [...] als ob die Liebe etwas mit dem Verstande zu thun hätte! Wir lieben an einem jungen Frauenzimmer ganz andere Dinge als den Verstand. Wir lieben an ihr das Schöne, das Jugendliche, das Neckische, das Zutrauliche, den Charakter, ihre Fehler, ihre Capricen, und Gott weiß was alles Unaussprechliche sonst; aber wir lieben nicht ihren Verstand. Ihren Verstand achten wir, wenn er glänzend ist, und ein Mädchen kann dadurch in unsern Augen unendlich an Werth gewinnen. Auch mag der Verstand gut sein, uns zu fesseln, wenn wir bereits lieben; allein der Verstand ist nicht dasjenige, was fähig wäre, uns zu entzünden und eine Leidenschaft zu erwecken.[294]

Goethe hatte also eine einigermaßen realistische Sichtweise auf seine junge Geliebte und stellte scheinbar ganz andere Ansprüche an sie als Walsers Protagonist. Zu seinem Roman und zur idealisierten Ulrike, die vor allem durch ihre Intelligenz bestricht, hätte diese historische Aussage Goethes freilich nicht gepasst.

Die kurzen Schreie, die Walsers Goethe mehrmals ausstößt, werfen verschiedene Fragen auf. Sie scheinen, ähnlich wie der Drang, liegen bleiben zu wollen (vgl. LM, 232) und das mögliche Erstarren während des Wartens auf Ulrike (vgl. LM, 28), einer anderen Welt anzugehören und erinnern, wie bereits erwähnt, ein wenig an Walsers frühe Werke. Einmal passieren ihm die Schreie im Schlaf (vgl. LM, 231), ein anderes Mal sind sie so laut, dass Stadelmann beunruhigt herbei läuft (vgl. LM, 258). Er selbst meint, das hätte in jener Nacht

294 Goethes Gespräche, Biedermann, Bd. 5, S. 1.

begonnen, in der de Ror auf der Verlobungsfeier erschienen sei (vgl. LM, 214), doch das ist nicht korrekt. Sie kommen bereits früher vor, als er ungeduldig auf Ulrike wartet (vgl. LM, 28). Welchen Zweck sie erfüllen oder ob sie schlicht als eigentümliche ‚Alterserscheinungen' gesehen werden sollen, ist nicht eruierbar. Was das Altsein betrifft, so gibt es überhaupt einige sehr illustrative Passagen, in denen natürlich wieder die Frage nach der autobiographischen Beteiligung gestellt werden kann respektive gestellt werden muss. Die Angst Goethes, nach einem spontanen Kniefall vor der Geliebten nicht mehr aufstehen zu können, wird ebenso einfühlsam und verständlich geschildert (vgl. LM, 31f) wie die Scham über den fehlenden Vorderzahn (vgl. LM, 24), welcher damals aufgrund des Unvermögens der Prothetik kaum zu kaschieren war. Die Komplimente und Verwunderungen über sein „gutes Aussehen" findet Goethe allemal „krass beleidigend" und meint, in seinem Alter gäbe es, „wenn es ums Aussehen geht, nur noch die Beleidigung". „Dafür, dass du so ein alter Schleicher bist, siehst du noch ganz gut aus", sei das, was die Menschen eigentlich sagen wollten. Aber am Altsein müsse keiner sterben, furchtbar sei es, „nicht mehr lieben zu dürfen" und „nie mehr geliebt zu werden". (LM, 69) Dabei versucht er gar nicht erst, sich gegen die Liebe zu Ulrike zu wehren, denn seine Liebe könne schließlich nicht wissen, dass er über siebzig sei. (Vgl. LM, 98) Auch sein „Kummer" darüber, „dass er Dinge, die er besonders sorgfältig aufbewahren wollte, so sorgfältig aufbewahrte, dass er sie nicht mehr oder lange nicht mehr fand" (LM, 147), ist besonders ergreifend und nachvollziehbar.

Im Gegensatz zu den anderen ‚Altersromanen' Walsers, *Augenblick der Liebe* beziehungsweise *Angstblüte*, kommt im *Liebenden Mann* auffallend wenig Sexualität vor. Als Goethe nach dem überstürzten Verlassen der Verlobungsfeier die Eifersucht nicht schlafen lässt, betrachtet er seinen nackten Körper im Spiegel und obwohl er weiß, dass ein 74-Jähriger „unter keinen Umständen schön" sein kann, findet er sich „nicht abstoßend oder nur im mindesten ekelerregend". Und auch wenn es ihm selbst grotesk erscheint, „sehnte" er sich neben sein Spiegelbild „Ulrike herbei". (LM, 71) Als „jugendlicher Greis" soll Goethe laut Walser bezeichnet worden sein und ähnliche Beschreibungen finden sich in der Tat von einigen seiner Besucher. Vom „edlen, herrlichen, schönen und rüstigen Greis", der zudem „jugendlich erfrischt" gewirkt haben soll, schwärmen diverse Verehrer nach ihrer Aufwartung bei dem gastfreundlichen Staatsmann und

Dichter.[295] Es wäre kein Walser-Roman, würde sein Goethe nicht doch noch über jenes Körperteil nachgrübeln, „das ein Leben lang den Ehrgeiz hatte, das Ganze zu sein“ und „gezähmt“ werden musste. (Vgl. LM, 72) Doch im 19. Jahrhundert wird daraus ein Plädoyer für die Emanzipation der Sprache über Sexualität und Geschlechtsteile. Wenn Walser seinen Goethe schließlich gegen Ende des Romans daran denken lässt, dass er nie wieder mit Ulrike in Karlsbad „dem hochzuckenden Wasserstrahl“ zusehen wird, wobei er immer „den Rhythmus in seinem Teil“ gespürt hatte, dann ist es letztlich auch ein Abschied von der Sexualität und vom Eros. (LM, 267)

Die Erkenntnis, dass er, Goethe, für sie, Ulrike, nicht einzigartig ist, wie sie für ihn, kommt spät, beinahe zu spät. (Vgl. LM, 221) Sie treibt ihn in die Krankheit, fast in den Tod, doch er überlebt und geht gestärkt daraus hervor. (Vgl. LM, 251f) Nach einer, man könnte sagen rituellen Reinigung durch das Feuer (vgl. LM, 275) und einem kurz aufflackernden Hoffnungsschimmer, der sich jedoch nicht erfüllt, weil Ulrike entscheidet, ihn bei ihrer Durchreise nicht zu besuchen, ist alles, was dem alten Mann bleibt, Scham. Scham, nicht vor der Gesellschaft, nicht vor seiner Familie und den Freunden, sondern vor sich selbst. (Vgl. LM, 281ff) Und plötzlich fühlt sich der Gefangene seiner Gefühle frei:

> War das eine Leichtigkeit jetzt? Eine Leichtigkeit, die er noch nicht empfunden hatte. Die hieß Lieblosigkeit. [...] Er war frei. Kein Zweifel möglich, er war lieblos. Lieblosigkeit, spürbar, eine Geräumigkeit wie noch nie, bitte, sei's Leere, eine Nichtempfindung, die alle Empfindungen übertraf, er ist erlöst, frei, das ist überhaupt Freiheit, lieblos sein, lieblos, freudlos, leblos, schmerzlos, ihn wird nie mehr jemand quälen können. [...] Er spürte nur noch sich. Außer ihm nichts. Als fülle er die Welt aus. Die ganze Welt war er. Prall vor Leichtigkeit. Eine göttliche Schwere. Leichtigkeitsschwere. Endlich. Das verlorene Gleichgewicht? War es das? Dachte er. Schlief ein. Schlief ohne Unterbrechung weit in den nächsten Tag hinein. Als er aufwachte, hatte er sein Teil in der Hand, und das war steif. Da wusste er, von wem er geträumt hatte. S w s w. (LM, 284f)

---

295 Vgl. Goethes Gespräche, Biedermann, Bd. 8, S. 348; Bd. 5, S. 293/304; Bd. 8, S. 221.

Mit diesem Schluss schickt der Autor den Leser endgültig zurück ins 21. Jahrhundert, und so sehr die Konturen im Roman verwischen, das Ende ist eindeutig Walser und nicht Goethe – was den Sätzen jedoch nichts von ihrer Poesie zu nehmen vermag.

7. Briefdokumente und Intertextualität als Rahmen im *Liebenden Mann*

Wie bereits im zweiten Kapitel angedeutet, verwendet Walser in seinem Roman viele Auszüge aus Briefen Goethes sowie seiner Zeitgenossen, die primär und sehr wirkungsvoll der Authentizitätsbildung dienen. Daneben werden immer wieder intertextuelle Bezüge zu Gedichten respektive Prosawerken Goethes hergestellt. Besondere Bedeutung kommt dabei dem Briefroman *Die Leiden des jungen Werthers* und dem Gedicht *Elegie* zu. Diese Werke liegen in ihrer Entstehungszeit beinahe ein halbes Jahrhundert auseinander und dennoch sind beide als charakteristische Meilensteine in Goethes Gesamtwerk zu sehen. Walsers Idee, neben der *Elegie*, die gewissermaßen ein dichterisches Zeugnis über die Geschehnisse in Marienbad und Karlsbad ablegt, auch den *Werther* in seinen Roman mit einzubeziehen, stammt genau genommen von Goethe selbst. Er fasste die *Elegie* als Zentrum mit zwei weiteren Gedichten in eine *Trilogie der Leidenschaft* zusammen und stellte ihr *An Werther* unmittelbar voran. Den „Freund", den ein „gräßlich Scheiden" einst „berühmt" gemacht hat, beschwor er darin nach fast fünfzig Jahren noch einmal herauf und trat erneut mit ihm in einen lyrischen Kontakt, im Verlauf dessen er ihm versicherte: „Zum Bleiben ich, zum Scheiden du erkoren, / Gingst du voran – und hast nicht viel verloren. //".[296] Doch weniger das Werther-Gedicht als vielmehr der Werther-Roman spielen im *Liebenden Mann* eine essenzielle Rolle, wie in Kapitel 7.3 noch erläutert wird.

7.1 Historische Briefe

Der erste historische Brief, der in Walsers Roman auftaucht, ist jener, den Goethe an Seine Königliche Hoheit bezüglich des bevorstehenden Dienstjubiläums des Bergrats Lenz schreibt. Dieser Brief, den er „auf und ab" gehend „vor Ulrike" dem Schreiber John diktiert (LM,

[296] Goethe Gedichte, Trunz, S. 380f.

30), wurde von Goethe am zweiten Juli 1822 in Marienbad verfasst, ging allerdings nicht an Carl August sondern an Christian Wilhelm Schweitzer, Staatsrath und späteren wirklichen geheimen Rath in Jena.[297] Goethe teilte ihm darin mit, wie er sich, in Absprache mit Carl August, die Feier für Lenz, an der er nicht teilnehmen konnte, vorstelle, und wie Schweitzer sie vorbereiten sollte. Seine „unvorgreiflichen Vorschläge“ beinhalteten tatsächlich ein Miniaturmodell des „Vesuv“, der „Liparischen Inseln“ und einen „Inseltheil basaltisch wie Staffa“, in dem die Geschenke, eine „goldne Verdienstmedaille“, die „Summe von Einhundert Ducaten“ sowie ein „*Gedicht*“ überreicht werden sollten. (WA IV/36, 84ff)

An seine Schwiegertochter Ottilie schrieb Goethe aus Marienbad insgesamt drei Briefe, im letzten, vom 18. und 19. August (vgl. WA IV/37, 174ff), findet sich jener Teil, den Walser wörtlich zitiert (vgl. LM, 49). Es stellt sich die Frage, weshalb Walser diesen letzten Brief, der eigentlich ein Resümee von Goethes Aufenthalt ist, als ersten Brief verwendet. Den Vierzeiler *Du hattest längst mir's angethan*, von dem im *Liebenden Mann* die Rede ist (vgl. LM, 93f), und weitere „Fallsterne“ sandte Goethe Ottilie mit dem zweiten Brief am vierzehnten August. (WA IV/37, 165) Neben Ottilie erhielten dieses ‚Gedichtchen‘ noch Lili Parthey, welcher er es in einem Brief an Zelter sandte und in deren Version es *Du hattest gleich mir's angethan* lautete, und natürlich Ulrike von Levetzow.[298] In diesem zweiten Brief an Ottilie berichtete er ihr von Stadelmann, der „noch immer im Lande herum [klopfte]“, von John, der das Wetter „beobachtet[e]“, vom „einpacken“ der „Ballkleider“ und „Hüte“ sowie vom „hiesige[n] Mährchen“, das bald „ausgespielt“ sein würde. (WA IV/37, 163ff) Was Walser nicht erwähnt, ist der Schlussteil des Briefes, in dem Goethe schrieb, es sei „recht lustig, wenn die Enkel über die Thorheiten des Großvaters erstaunen“, und alles weitere müsse „auf eine mündliche, vielleicht wieder einmal mitternächtige Unterhaltung aufgespart werden“. (WA III/37, 165) Wie bereits erläutert, waren Goethes reale Briefe an Ottilie und auch ihr Verhältnis zueinander um einiges inniger und vertrauensvoller als bei Walser dargestellt. Der bittere „Kelch“ (LM, 277), der gegen Ende des Romans erwähnt wird,

---

297 Vgl. Ernst Wülcker: Schweitzer, Christian Wilhelm. In: Allgemeine Deutsche Biographie. Bd. 33. Auf Veranlassung und mit Unterstützung Seiner Majestät des Königs von Bayern hrsg. durch die historische Commission bei der Königlichen Akademie der Wissenschaften. Leipzig: Duncker, Humblot 1891, S. 367ff.

298 Vgl. Gersdorff, Ulrike, S. 61.

stammt aus dem letzten Brief, den Goethe aus Marienbad an seine Schwiegertochter sandte:

> Dein Schreiben, allerliebste Tochter, kam wie aus einer andern Welt in dieses extemporirte Tags-Interesse, wo im Wirbel der verschiedensten Elemente sich ein gewisses Irrsal bewegt, das die Übel vermehrt, von welchen man sich befreyen möchte. Denke nun zwischen durch vieles Würdige, das man erst erkennt, wenn es vorüber ist; so begreifst du das Bittersüße des Kelchs, den ich bis auf die Neige getrunken und ausgeschlürft habe. (WA IV/37, 174)

Aus diesen Zeilen hört man bereits das Elegische, das von Goethe Besitz ergriffen hatte, das durch das erneute Zusammensein mit Ulrike in Karlsbad kurzfristig noch einmal zurückgedrängt werden konnte, aber schließlich, nur wenige Wochen später, in der *Elegie* seinen endgültigen Ausdruck fand.

Den Brief an Frau von Levetzow, den Walsers Goethe vom 13. auf den 14. September in Jena schreibt (vgl. LM, 178ff), verfasste Goethe noch in Eger am neunten September, also nur vier Tage nach seiner Trennung von Ulrike. Gefangen im stärksten Trennungsschmerz richtete er seine Worte zuerst, wie es die Konvention verlangte, an die Mutter, der er gestand: „Indem ich von Eger abzugehen mich bereite lege ich ein Blat vor mich hin, greife nach der Feder und finde sogleich wie viel zu sagen, wie wenig auszusprechen ist". Erst danach wandte er sich seinem „Liebling" Ulrike zu, der „selbst mit Worten nicht freygebig seyn mag" und sich wiederholen sollte, „was sie auswendig weis", nämlich „das Innerste" seiner „Gesinnung". (WA IV/37, 212f) Demnach muss Goethe, wie im Roman von Walser beschrieben und entgegen der Aufzeichnungen Ulrikes, doch mit ihr über die Heirat gesprochen haben, sonst hätte sie seine Anschauungen nicht so genau kennen können. Walser übernimmt viele Stellen aus diesem Brief, und auch die Grußformel ist fast identisch. Danach gibt es bei ihm fünf Nachträge, auch diese sind authentisch, lediglich der sechste, oder vielmehr eigentlich der erste Nachtrag, ein Gedicht, fehlt bei Walser. Dieses schenkt der ‚liebende Mann' seiner Angebeteten bereits in Marienbad, nachdem er sie auf der Promenade verpasst hatte, was allerdings aus dem Zusammenhang gerissen wirkt. (Vgl. LM, 35) „Am heißen Quell verbringst Du Deine Tage, / Das regt mich auf zu innerm Zwist; / Denn wie ich Dich so ganz im Herzen trage / Begreiff' ich nicht wie Du wo anders bist. //" (WA III/37, 215f), heißt es darin, und diese Verse implizieren, auch ohne den verräterischen Titel *Aus der Ferne*, eine größere räumliche Distanz zwischen den ‚Liebenden'. Diese sechs Nachträge schrieb Goethe fein säuberlich auf „sechs geränderte Blättchen", die er eigenhändig nummerierte und in dafür „zurecht geschnittene Umschläge", mit Hologramm beschriftet, steckte.[299] Von Goethes Briefen an die Levetzows sind insgesamt siebzehn erhalten, hinzu kommt ein bereits erwähnter Entwurf, der jedoch nicht versandt wurde. Die meisten dieser Briefe sind ganz oder zumindest teilweise von seiner Hand geschrieben, was eine Seltenheit in seiner brieflichen Korrespondenz darstellt. Grundsätzlich hielt Goethe die ein- und ausgehende Post akribisch in seinem Tagebuch fest, nur die meisten seiner Briefe an oder von Ulrikes Mutter scheinen nirgendwo auf. Suphan schloss aus, dass es von September bis Ende November 1823 keinen Kontakt zwischen ihnen gab, und insistierte, aufgrund der angespannten Situation in Weimar, auf einen geheimen Briefverkehr.[300]

Möglich wäre das, bedenkt man Goethes Hang zur Geheimniskrämerei und Verschleierung, so wäre es gar plausibel, verifizierbar ist Suphans Behauptung allerdings nicht. Den elf erhaltenen Briefen von Frau von Levetzow an Goethe, die Walser in seinem Roman nicht verwendet hat, liegen mehrfach einige Zeilen von Ulrike bei, die jeweils in einem höflich-freundlichen aber töchterlich-platonischen Tonfall gehalten sind. In der Grußformel blieb sie stets, wie bei Walser (vgl. LM, 279), seine „ergebene Freundin Ulrike"[301].

Ein letztes schriftliches Dokument sei an dieser Stelle noch knapp erwähnt, zwar handelt es sich dabei nicht um einen Brief, aber ebenfalls um eine persönliche Aufzeichnung. Es ist eine Beschreibung Goethes von einem jungen österreichischen Dichter, Braun von Braunthal, die Walser zu Beginn des Romans einstreut. (Vgl. LM, 22ff) Walser hat diese Beschreibung unverändert, mit einigen Auslassungen, aus dem Original übernommen. Der vom Dichter offensichtlich schwer beeindruckte junge Mann schwärmte darin von Goethes imposanter Erscheinung, die er mit dem „Jupiter Olympicus" verglich. Eine besondere Faszination übten ihm zufolge aber seine „herrlichen himmelabspiegelnden reinen blauen Miniatur-Bergseen"-Augen aus.[302] Das ist bemerkenswert, denn Goethe hatte, wie

---

299 Suphan, Briefe, S. 10, 28.

300 Vgl. Suphan, Briefe, S. 28ff.

301 Ulrike von Levetzow: Brief vom 28. August 1824. Zitiert nach: Loeper, Trilogie, S. 184.

302 K. J. Braun von Braunthal: Eine Römerfahrt zu Goethe. 1864. In: Goethes Gespräche. Eine Sammlung zeitgenössischer Berichte aus seinem Umgang. Auf

unzählige Gemälde belegen und auch Besucher immer wieder festhielten, charakteristische „schwarzglänzende[...] italienische[...]"[303] beziehungsweise „schöne braune Augen"[304].

7.2 Intertextuelle Anspielungen und Verweise

Am häufigsten von allen Werken Goethes wird im *Liebenden Mann* auf die Geschichte des Wilhelm Meister angespielt. Aus dem siebten Kapitel des achten Buches von *Wilhelm Meisters Lehrjahre* stammen die Zitate „So ist denn alles nichts", das zweimal vorkommt, und „alles ist relativ".[305] (Vgl. LM, 24, 220) Die Erzählung *Der Mann von funfzig Jahren*, der Teil der *Wanderjahre* ist, wird insgesamt sechsmal im Roman erwähnt. Aus dem sechsten Kapitel des ersten Buches von *Wilhelm Meisters Wanderjahre* stammt das Zitat „Vom Nützlichen durchs Wahre zum Schönen"[306], das Walser ebenfalls zweimal verwendet. (Vgl. LM, 27, 120) Der „Vierzeiler" „Doch schäm ich mich der Ruhestunde. / [...]", den Walsers Goethe an eine Verehrerin schickt, findet sich in Goethes Festspiel *Des Epimenides Erwachen.* (LM, 167) Darüber hinaus beschwert sich Walsers Goethe über die „Parodie" seiner Wanderjahre, mit welcher der Autor „XY" bedeutend „mehr Geld verdient" hätte als er selbst „mit dem Original". (LM, 192) Diese Anspielung bezieht sich auf einen Roman gleichen Titels, verfasst vom protestantischen Pfarrer Friedrich Wilhelm Pustkuchen. Seit 1809 war allgemein bekannt, dass Goethe an einer Fortsetzung mit dem Titel *Wilhelm Meisters Wanderjahre* arbeitete und aufgrund der fehlenden Urheberrechte war es Pustkuchen möglich, sein polemisches Anti-Goethe Geschreibsel in fünf Teilen und zwei Beilagen auch noch unter dessen Titel zu veröffentlichen. Darin kritisierte er so gut wie jede Position Goethes zu beinahe allen Fragen des Lebens. Obwohl Goethe versuchte, sich in den *Zahmen Xenien* zu wehren,

---

Grund der Ausgabe und des Nachlasses von Flodoard Freiherrn von Biedermann. Fünf Bände in sechs Teilbänden. Hrsg. von Wolfgang Herwig. München: Deutscher Taschenbuch Verlag 1998, Bd. 3.1, S. 508ff.

303 Johann Wilhelm Ludwig Gleim: Notiz vom Juni 1777. In: Goethe Erscheinung, Schaeffer, S. 13.

304 Johann Anton Leisewitz: Brief an seine Frau vom 14. August 1780. In: Goethe Erscheinung, Schaeffer, S.14.

305 Goethe, Lehrjahre, S. 512, 514.

306 Goethe, Wanderjahre, S. 605.

verkaufte sich Pustkuchens Version tatsächlich besser als Goethes eigener Roman.[307]

Walser zitiert außerdem auch einige Gedichte Goethes, wie *Nur wer die Sehnsucht kennt*, das in *Wilhelm Meisters Lehrjahren* vorkommt und den berühmten ersten Vers „Edel sei der Mensch, / Hilfreich und gut! / [...]“[308] aus *Das Göttliche*. (Vgl. LM, 61, 78, 266) Desweiteren finden sich zwei Gedichte aus dem Zyklus für Lili Schönemann, *Lilis Park* und *Vom Berge* (vgl. LM, 82, 85) und „Nein! Du wählst nicht den Geringern! / [...]“ (LM, 221)[309], die letzte Strophe des Gedichtes *Einlass* aus dem *Buch des Paradieses* im *West-östlichen Divan*. Das Gedicht „Erinner' mich doch spät und früh / [...]“ (LM, 255), welches Ottilie Walther entreißt und wegen dem es zu einem üblen Streit zwischen ihr und Goethe kommt, wurde nicht explizit für Ulrike gedichtet und ist mit weiteren Vierzeilern unter dem Titel *Ländlich* zusammengefasst. Ein Spezialfall ist zudem noch das Gedicht *Äolsharfen*[310], dessen Anfang Walser, allerdings ohne den Titel, übernimmt. (Vgl. LM, 124f) Sein Goethe schreibt es am letzten Abend in Marienbad, kurz vor seiner Abreise nach Eger und will dafür sorgen, dass Ulrike es zu lesen bekommt. (Vgl. LM, 126) In Wirklichkeit verfasste Goethe dieses Gedicht bereits ein Jahr zuvor, aber immerhin auch kurz vor der Trennung von Ulrike. In den Tagebuchaufzeichnung der betreffenden Zeit, zwischen dem 24. und 29. Juli, finden sich mehrmals Notizen wie: „Kleine Gedichte des Tags wurden in's Reine geschrieben“. (WA III/8, 219f) Während der männliche Part dieses lyrischen Zwiegesprächs den Abschied betrauert, fasst sich der weibliche relativ rasch und blickt positiv in die Zukunft. Vielleicht ahnte Goethe bereits 1822 intuitiv voraus, wie sich die Beziehung zwischen ihm und Ulrike entwickeln sollte. Von besonderem Interesse sind schließlich noch vier Verse, die Walsers Goethe nach eigenen Angaben „noch nicht“ in der Elegie „untergebracht hatte“. (LM, 180f) Während der dritte dieser vier Verse ein Teil aus der neunten Strophe der *Elegie* ist, sind die beiden vorangehenden wohl in der ‚Urschrift‘, nicht aber im

---

307 Vgl. Erhard Bahr: Wilhelm Meisters Wanderjahre oder die Entsagenden. In: Goethe Handbuch. Prosaschriften. Bd. 3. Hrsg. von Bernd Witte, Peter Schmidt und Gernot Böhme. Stuttgart, Weimar: Metzler 2004. (= Goethe Handbuch. Hrsg. von Bernd Witte [u. a.]. 3.) S. 191f.

308 Goethe Gedichte, Trunz, S. 147.

309 Vgl. Johann Wolfgang von Goethe: West-östlicher Divan. Hrsg. von Hans-J. Weitz. Frankfurt, Leipzig: Insel 1998. (= insel taschenbuch. 2282.) S. 114.

310 Goethe Gedichte, Trunz, S. 376ff.

fertigen Gedicht zu finden.[311] Auch Friedemann Bedürftig verwendete diese eher unbekannten, weil unveröffentlichten Verse in seinem 2004 erschienenen Roman *Die lieblichste der lieblichsten Gestalten.*[312] Der vierte Vers kommt schließlich aus einem ganz anderen Zusammenhang, so gut „Was wir hatten, wo ist's hin? / Und was ist's denn was wir haben?" auch in diesen Kontext passen würde, es sind Zeilen aus dem Gedicht Nummer *98*, ohne Titel, das Goethe während einer seiner Rheinreisen 1814 oder 1815 verfasst hatte.[313]

Neben den vielen intertextuellen Bezügen zu Werken Goethes, fallen auch andere Autoren und deren Werke in Walsers Roman auf. In einem Gespräch mit Ulrike erwähnt Goethe das erkenntnistheoretische Werk *Kritik der reinen Vernunft*, von Emmanuel Kant, dem Goethe lange Zeit skeptisch gegenüber stand. (Vgl. LM, 14) Erst in der Zeit während seiner engen Freundschaft mit Schiller begann er sich intensiv mit Kants Philosophie auseinanderzusetzen.[314] Was Goethes Voltaire-Übersetzungen betrifft (vgl. LM, 16), so muss richtiggestellt werden, dass er wohl *Mahomet* und *Tancrède*, nicht aber *Zaïre* übersetzt hat,[315] was, nebenbei erwähnt, dem versierten Goetheforscher Dieter Borchmeyer bereits bei seiner Erstlektüre des *Liebenden Mannes* aufgefallen ist.[316] August Wilhelm Iffland, ein berühmter Schauspieler, Regisseur und Theaterautor der Goethezeit, wird im *Liebenden Mann* mehrmals erwähnt. (Vgl. LM, 92, 257, 279) In seinen Stücken ging es nicht um eine hohe literarische Qualität, sondern um die Vermittlung bürgerlicher Werte, die er durch Sentimentalität zu erreichen suchte.[317] Walsers Goethe meint an zwei Stellen im Roman, seine Liebe zu Ulrike eigne sich als „fünfaktige Komödie mit dem Titel: Der Onkel als Neffe" (LM, 159; Vgl. LM, 169). Das ist gewissermaßen eine Umkehrung auf Schillers Lustspiel *Der Neffe als Onkel*,

---

311 Vgl. Christoph Michel: Geschichte des Textes. In: Goethe Elegie, Behrens, S. 110.

312 Vgl. Friedemann Bedürftig: Die lieblichste der lieblichsten Gestalten. Ulrike von Levetzow und Goethe. Reinbek bei Hamburg: Rowohlt 2004, S. 22f.

313 Vgl. Erich Trunz: Anmerkungen. Gedichte an Personen. In: Johann Wolfgang von Goethe: Gedichte. Hrsg. und kommentiert von Ders. München: Beck 2007, S. 700.

314 Vgl. Steffen Dietzsch: Kant, Immanuel. In: Goethe Handbuch, Bd. 4.1, S. 594.

315 Vgl. Peter Brockmeier: Voltaire. In: Goethe Handbuch, Bd. 4.2, S. 1111f.

316 Aus einem persönlichen Gespräch mit Professor Borchmeyer im März 2011.

317 Vgl. Erich Schön: Iffland, August Wilhelm. In: Metzler Autoren Lexikon. Deutschsprachige Dichter und Schriftsteller vom Mittelalter bis zur Gegenwart. 3. erw. Aufl. Hrsg. von Bernd Lutz und Benedikt Jeßing. Stuttgart, Weimar: Metzler 2004, S. 358f.

eine Übersetzung aus dem Französischen von Louis-Benoît Picard, in der sich Franz von Dorsigny als sein eigener Onkel ausgibt, um seine Ehe mit seiner Cousine Sophie zu arrangieren, was nach einem längeren Verwirrspiel schließlich auch gelingt.[318] Schiller kommt daneben noch mit einem Zitat aus *Wallensteins Tod* vor (vgl. LM, 232). In einem Monolog sagt dieser im ersten Aufzug, vierter Auftritt: „Denn aus Gemeinem ist der Mensch gemacht. Und die Gewohnheit nennt er seine Amme."[319] Kurz vor Ende des Romans bringt Walser noch ein Zitat aus Christoph Wilhelm Hufelands *Makrobiotik*[320], passend zu Goethes Situation im Roman, aus dem Kapitel *Übermäßige Anstrengung der Seelenkräfte*. Das ist vor allem deshalb interessant, weil Hufeland als Untertitel für dieses Werk einen Satz aus dem fünften Aufzug des *Egmont* wählte, der ebenfalls im *Liebenden Mann* vorkommt: „Süßes Leben! schöne freundliche Gewohnheit des Daseins und Wirkens! von dir soll ich scheiden!"[321]. (Vgl. LM, 251) Damit könnte man in diesem Zusammenhang gewissermaßen von einer ‚doppelten' oder ‚gesteigerten' Intertextualität sprechen.

7.3 Die Leiden des alten Goethe oder ein Tribut an *Werther*

Die traurige Geschichte des frühen Goethe-Helden Werther spielt im *Liebenden Mann* eine signifikante Rolle. Immer wieder wird auf sein Schicksal verwiesen und mehrmals trägt sich auch Walsers Protagonist mit Suizid-Gedanken. (Vgl. LM, 67, 80, 192) Was ihn davon abhält, ist neben dem fehlenden Mut die „Pflicht" (LM, 193), den jeweils zweiten Teil zu *Faust* und *Wilhelm Meister* zu vollenden. Obwohl in der Rezeption häufig missverstanden, ist festzuhalten, dass Goethe den Freitod weder verklärte noch verurteilte. Den Gemütszustand der zu ihm führt, das Taedium vitae, betrachtete er als Krankheit. Dieser von Seneca geprägte Begriff wird in der Psychologie als „Le-

[318] Vgl. Friedrich Schiller: Der Neffe als Onkel. Lustspiel in drei Aufzügen. Whitefish, Montana: Kessinger 2010.

[319] Friedrich Schiller: Wallensteins Tod. In: Ders.: Sämtliche Werke. 3. Aufl. Hrsg. von Gerhard Fricke, Herbert G. Göpfert und Herbert Stubenrauch. Bd. 1-5. München: Hanser 1962, Bd. 2, S. 416.

[320] Christoph Wilhelm Hufeland: Makrobiotik oder die Kunst das menschliche Leben zu verlängern. Zweyter Theil. 3. Aufl. Berlin: Wittich 1805, S. 21f.

[321] Johann Wolfgang von Goethe: Egmont. Ein Trauerspiel in fünf Aufzügen. Stuttgart: Reclam 1993. (= Reclams Universal-Bibliothek. 75.) S. 87.

bensüberdruss“ bezeichnet.[322] Als sich Zelters Stiefsohn 1812 das Leben nahm, was aus religiöser Sicht ein Verbrechen war, schrieb Goethe mitfühlend, verständnisvoll an den trauernden Vater:

> Über die That oder Unthat selbst weiß ich nichts zu sagen. Wenn das taedium vitae den Menschen ergreift, so ist er nur zu bedauern, nicht zu schelten. Daß alle Symptome dieser wunderlichen, so natürlichen als unnatürlichen Krankheit auch einmal mein Innerstes durchrast haben, daran läßt Werther wohl niemand zweifeln. Ich weiß recht gut, was es mich für Entschlüsse und Anstrengungen kostete, damals den Wellen des Todes zu entkommen, sowie ich mich aus manchen spätern Schiffbruch auch mühsam rettete und mühselig erholte. (WA IV/23, 185f)

Wie bereits im zweiten Kapitel erwähnt, ist der Kostümball in Walsers Roman als eine Schlüsselszene zu betrachten. Ohne jeweils vom Kostüm des anderen zu wissen, verkleiden sich Ulrike und Goethe am Abend des Maskenballs als Lotte und Werther. Für Goethe lässt das nur einen logischen Schluss zu – sie muss ihn lieben, wie er sie liebt, und auch der Leser gibt sich für einige Momente dieser Illusion hin. Nachdem sie einige Sätze aus dem *Werther* deklamieren, beginnen sie zu tanzen. „Und noch nie, seit sie sich kannten, waren sie gleich alt gewesen. Jetzt waren sie's“. (LM, 102) Auf Goethes Wunsch hin verlassen sie gemeinsam den Ballsaal, wandern in der Dunkelheit umher, und als es nicht zu dem von Goethe ersehnten Kuss kommt, wird er auf dem Rückweg immer schneller, zu schnell und stürzt. Er schlägt mit dem Gesicht auf, blutet, sie ist der Verzweiflung nahe. Doktor Rehbein eilt zu Hilfe, verarztet den Patienten notdürftig, dieser will sich die Blamage ersparen und das Fest sofort verlassen. Nun wird Ulrike unruhig. Sie weiß natürlich, was alle Anwesenden sofort wussten, Goethe und sie werden mit ihren Kostümen den Goldenen Lorbeer der Terpsichore gewinnen, und diesen Triumph möchte sie sich keinesfalls entgehen lassen. Sie bittet ihn zu bleiben, doch der von der Realität eingeholte Goethe spricht nur von seinem Alter und will fliehen. Daraufhin küsst sie ihn und Goethe gibt nach. Carl August überreicht ihnen den Preis und verkauft die Wunde des Dichters als Maskerade. Unter tosendem Applaus kehren sie auf ihre Plätze zurück, und noch in dieser Nacht diktiert Goethe John die Bitte an sei-

---

322 Uwe Henrik Peters: Taedium vitae. In: Ders.: Lexikon der Psychiatrie. Psychotherapie. Medizinischen Psychologie. 6. Aufl. München: Urban, Fischer 2007, S. 549.

nen Großfürsten, stellvertretend für ihn um Ulrikes Hand anzuhalten. (Vgl. LM, 105ff)

Eine klassische Fehlinterpretation vonseiten Goethes, der nur noch das sieht, was er sehen möchte. Dazu ist an dieser Stelle ein kleiner Exkurs notwendig. Der erste Kuss, der im Roman vorkommt, wird vom Leser nicht unmittelbar miterlebt, weil ihn nicht Goethe, sondern Herr de Ror bekommt. (Vgl. LM, 88) Wie schon besprochen schildert Ulrike ihm diesen Kuss detailgetreu, wie in der Folge brieflich auch ihre zweite Begegnung. Beide Treffen bringen die junge Frau völlig aus dem Gleichgewicht, regen sie auf und machen andererseits großen Eindruck auf sie. De Ror fasziniert sie und seine Leidenschaftlichkeit, eine Charaktereigenschaft, die ihr selbst gänzlich fehlt, zieht sie an. Nachdem sie Goethe von dem Kuss erzählt hat und er dementsprechend enttäuscht ist, küsst sie ihn. Er fürchtet den Vergleich, doch diese Angst ist unbegründet. Sie küsst ihn, wie sie ihren Großvater küssen würde, dem sie von ihrem ersten richtigen Kuss erzählt hat, doch das sieht Goethe nicht. (Vgl. LM, 89ff) Den zweiten Kuss bekommt er nach dem Sturz, als sie möchte, dass er sie auf das Podium führt, um ihren Preis abzuholen. Das dritte Mal küsst sie ihn, als Goethe sie auf den Antrag anspricht und sie ihm keine Antwort geben kann oder will (vgl. LM, 119). Der letzte Kuss ereignet sich am Ende ihrer Wanderung, einen Tag vor seiner Abreise aus Karlsbad (vgl. LM, 166). Eigentlich erfasst Goethe die Situation richtig, denn nach dem Maskenball, als der Entschluss zum Antrag gefasst und der Brief an Carl August diktiert ist, denkt er bei sich: „Wenn der Kuss Mitleid war, hat er sich mit diesem Brief blamiert. Als ob es darauf ankäme“. (LM, 110) Auch wenn er ahnt, und das muss er, wie die Geschichte für ihn ausgehen könnte, der alte Dichter entschließt sich seine vielleicht letzte Chance zu nutzen und noch einmal aufs Ganze zu gehen.

Der Brief vom 15. September aus dem *Werther*, den Walser seine Ulrike auf ihrer Wanderung mit Goethe deklamieren lässt (vgl. LM, 161ff), ist sorgfältig ausgewählt. Zu diesem Zeitpunkt hat „Ossian“ bereits „den Homer“ aus dem „Herzen“ Werthers „verdrängt“, das heißt, das Taedium vitae hat von ihm Besitz ergriffen.[323] In dieser Trauer Werthers über den Verlust der Nussbäume, meint Ulrike „jetzt endlich“ Goethe „ganz und gar“ (LM, 165) zu erkennen.

---

[323] Johann Wolfgang von Goethe: Die Leiden des jungen Werther. Frankfurt, Leipzig: Insel 1998. (= insel taschenbuch. 2284.) S. 110.

In Goethes erstem Brief an Ulrike bittet er sie um die Erlaubnis, sich das Leben nehmen zu dürfen. Momentan hätte er noch Hoffnung, doch wenn die Situation völlig aussichtslos würde, müsste er „aufhören zu leben". Aber noch gönne er der „Umwelt" den „Hohn", den sein Selbstmord auslösen würde nicht. „Die Leiden des alten Werther" könnten sie dann schreiben, das sei ihm jetzt noch nicht „gleichgültig", aber „[v]ielleicht bald". (LM, 192) Sein Suizid „[...] würde aus Liebe geschehen und aus nichts sonst", niemand könnte darin eine „berufliche[...] Kränkung" entdecken. (LM, 193) Das genau wirft Ulrike, oder eigentlich Napoleon, seinem Werther vor, wie der Leser aus einem Gespräch der beiden Protagonisten zu Beginn des Romans erfährt. (Vgl. LM, 39f) Diesen Vorwurf hatte ihm der Kaiser tatsächlich gemacht. Während einer Audienz in Erfurt am 2. Oktober 1808 gestand Napoleon, den Werther „siebenmal gelesen zu haben", kritisierte aber daran die „Vermischung der Motive des gekränkten Ehrgeizes mit denen der leidenschaftlichen Liebe".[324] Das missfällt auch Ulrike, sein Tod sollte, so meint sie, ein „krasses Unglückswunder" sein, verursacht „durch nichts als die Liebe". (LM, 40)

Goethes Verhältnis zum Helden seines Briefromans, der ihn innerhalb kurzer Zeit in ganz Deutschland und auch über seine Grenzen hinaus bekannt gemacht hat, war voller Ambivalenz und einer gewissen Scheu, wie man einem Gespräch mit Eckermann im Januar 1824 entnimmt:

> ‚Das ist auch so ein Geschöpf', sagte Goethe, ‚das ich gleich dem Pelikan mit dem Blute meines eigenen Herzens gefüttert habe. Es ist darin so viel Innerliches aus meiner eigenen Brust, so viel von Empfindungen und Gedanken, um damit wohl einen Roman von zehn solcher Bändchen auszustatten. Übrigens habe ich das Buch, wie ich schon öfter gesagt, seit seinem Erscheinen nur ein einziges mal wieder gelesen, und mich gehütet, es abermals zu thun. Es sind lauter Brandraketen! Es wird mir unheimlich dabei, und ich fürchte den pathologischen Zustand wieder durchzuempfinden, aus dem es hervorging. [...] Gehindertes Glück, gehemmte Thäthigkeit, unbefriedigte Wünsche sind nicht Gebrechen einer besonderen Zeit, sondern jedes einzelnen Menschen, und es müsste schlimm sein, wenn nicht jeder einmal in seinem Leben eine Epoche haben sollte, wo ihm der Werther käme, als wäre er bloß für ihn geschrieben'.[325]

[324] Goethes Gespräche, Biedermann, Bd. 2, S. 221.
[325] Goethes Gespräche, Biedermann, Bd. 5, S. 5f, 7f.

Goethe, sowohl als Protagonist in Walsers Roman wie auch als reale Person, erlebte eine solche Epoche sogar zweimal in seinem Leben, und beide Male verarbeitete er sie mit Hilfe der Dichtung, die der Nachwelt als herausragende Zeugnisse seiner Kunst erhalten blieben.

7.4 (Marienbader) *Elegie*

Wie erwähnt, nimmt Walser Goethes *Elegie* in ihrem vollen Umfang in seinen Roman auf, was bereits auf ihre besondere Relevanz verweist. (Vgl. LM, 198ff) Sie kann genau genommen als lyrische Vorlage für den *Liebenden Mann* betrachtet werden, denn sie gibt, wenn auch in überspitzter und gesteigerter Art und Weise, Auskunft über Goethes Empfinden während und nach seinem Zusammensein mit Ulrike von Levetzow. Deshalb und aufgrund ihrer Signifikanz in der deutschsprachigen Lyrik insgesamt, gebühren ihr die letzten Seiten dieser Arbeit.

Zu Beginn ist festzuhalten, dass sich der Titel dieses Gedichts auf den elegischen Inhalt und nicht auf das Metrum bezieht, denn sie ist nicht, wie Goethes *Römische Elegien*, in Distichen, sondern in Stanzen verfasst. In ihr wird der Verlust eines Zustandes, eben jenes Zusammensein mit der Geliebten, betrauert, womit sie entsprechend ihrer inhaltlichen Definition, als melancholische Klage zu betrachten ist.[326] Wie ihre italienischen Vorgänger setzen sich auch Goethes Stanzen überwiegend aus elf Silben und fünf Hebungen zusammen, allerdings bestehen ihre Strophen aus nur sechs, statt acht, Zeilen. Das Reimschema *ababcc* legt eine Betonung des letzten Reimpaares nahe, das jeweils als Sentenz verstanden werden kann.[327]

Verfasst wurde die *Elegie*, ähnlich wie von Walser beschrieben (LM, 171f), auf Goethes Rückreise aus Böhmen, teilweise in der Kutsche. (Vgl. WA III/9, 109) Im *Liebenden Mann* erfolgt die Reinschrift vom siebzehnten bis siebenundzwanzigsten September, „auf das beste Papier, das John beschaffen konnte“ (LM, 197). Tatsächlich brauchte Goethe für die eigenhändige Abschrift nur zwei Tage, er beendete seine Arbeit daran bereits am Neunzehnten, wie Christoph Michel aufgrund der Tagebucheinträge richtig schlussfolgert.[328] Für

326 Vgl. Jörg Schuster: Elegie. In: Metzler Lexikon Literatur, S. 183f.

327 Vgl. Dieter Burdorf: Einführung in die Gedichtanalyse. 2. überarb. Aufl. Stuttgart, Weimar: Metzler 1997. (= Sammlung Metzler. 284.) S. 107.

328 Vgl. Christoph Michel: Geschichte des Textes. In: Goethe Elegie, Behrens, S. 104.

eine Weile bekam niemand sein neuestes Gedicht zu lesen, für kurze Zeit gehörte es nur ihm allein. Wie existenziell die *Elegie* für ihn gewesen sein muss entnimmt man am ehesten seinem Umgang mit ihr. Er verwahrte die neun von Hand geschriebenen Seiten in einer „Mappe von rotem Maroquinpapier und ließ später für sie vom Buchbinder einen Einband mit blauem Papierbezug und dem Aufdruck *Elegie. Septmber 1823* herstellen“[329]. Eckermann war der erste Mensch, dem Goethe sie am 27. Oktober 1823, also erst über einen Monat später, anvertraute. Seine Aufzeichnungen vermitteln eindringlich den ehrwürdigen Moment, in dem sie ihm, wie ein Heiligtum, offenbart wurde:

> Stadelmann brachte zwei Wachslichter, die er auf Goethes Arbeitstisch stellte. Goethe ersuchte mich, vor den Lichtern Platz zu nehmen, er wolle mir etwas zu lesen geben. Und was legte er mir vor? Sein neuestes, liebstes Gedicht, seine ‚Elegie von Marienbad‘ [...].[330]

Was Eckermann zu lesen bekam, war jene dreiundzwanzig Strophen umfassende Elegie, der Goethe die geringfügig veränderten Verse aus dem Tasso „Und wenn der Mensch in seiner Qual verstummt, / Gab mir ein Gott zu sagen, was ich leide“[331] voranstellte und die bis heute in diversen Gedichtausgaben Goethes zu finden ist.

In der ersten Strophe wird der Leser konfrontiert mit einem lyrischen Ich, das nicht weiß, was es vom „Wiedersehen“ erwarten darf, und das schließlich liebevoll von der Geliebten empfangen wird. Diese Strophe spiegelt die Unsicherheit des Liebenden wider, steht, biographisch gesehen, für das erneute Treffen in Karlsbad und daneben vielleicht auch für die Hoffnungen, die Goethe bezüglich des Heiratsantrages insgeheim noch hegte. Die zweite Strophe ist nun im Präteritum verfasst, mit ihr beginnt der Rückblick und dem Leser wird klar, dass er sich nicht mitten im Geschehen befindet, sondern die Würfel bereits gefallen sind. Für einige Zeit befand sich der Liebende im „Paradies“, er war am „Ziel“ seiner Träume angekommen, und durch das „Anschaun“ seiner Geliebten wurde er von aller Sehnsucht erlöst. Doch wie alle Liebenden, denen eine Trennung bevorsteht, hadert auch das lyrische Ich mit der rasch verfliegenden Zeit. Die „Stun-

329 Erich Trunz: Anmerkungen. Die späte Lyrik. In: Goethe Gedichte, Trunz, S. 761.

330 Goethes Gespräche, Biedermann Bd. 4, S. 302.

331 Vgl. Johann Wolfgang von Goethe: Torquato Tasso. Ein Schauspiel. Stuttgart: Reclam 2003. (= Universal-Bibliothek. 88.) S. 100.

den“, welche sich wie „Schwestern“ ähnelten, könnten zudem auch eine Anspielung auf Ulrikes Schwestern sein, die bei ihrem Zusammensein fast ständig gegenwärtig waren. Die vierte Strophe wird beherrscht vom traurigen Abschied und vom letzten „Kuss“, die einst einladende „Pforte“ ist ihm nun „verschlossen“. Die „schwüle[...] Atmosphäre“ sowie „Mißmut, Reue, Vorwurf, Sorgenschwere“ in der fünften Strophe deuten möglicherweise auf die Stimmung im Haus am Frauenplan voraus. Der Liebende bemerkt, dass sich nichts verändert hat, die Welt, die Natur, die „Felsenwände“ sind gleich geblieben, nur für ihn nicht. Mit einem Seraph, also mit einem Engel, vergleicht er die „lieblichste der lieblichsten Gestalten“, deren „Bild“ er in seinem „Herz“ trägt.[332]

Und dieses Herz, das erläutert die zehnte Strophe, schlägt „nur noch“, um ihr „zu danken“. Es ist die reine Form der Liebe, von der das lyrische Ich spricht, eine, die keine „Gegenliebe“ erwartet und die den Liebenden durch ihre bloße Existenz erhöht und „begeistet“. Die „Herzensleere“ wurde durch die Geliebte gefüllt, und den „Frieden“, der durch sie über den Liebenden kam, vergleicht er mit dem „Frieden Gottes“. Es scheint als würde er überhaupt durch sie dem „ewig Ungenannten“ ein Stück näher kommen. Die fünfzehnte Strophe könnte in diesem Zusammenhang als Anlehnung an Kapitel dreizehn im ersten Brief an die Korinther (1 Kor 13) gelesen werden. Es gibt keinen „Selbstsinn“, keinen „Eigennutz“ in dieser Liebe. Ab der sechzehnten Strophe spricht nun gewissermaßen die Geliebte und erteilt dem lyrischen Ich den Rat, im Augenblick zu leben. Was sie sagt und noch mehr, wie sie es sagt, lässt nicht an Ulrike von Levetzow als Urheberin dieser Worte denken, wohl aber an Walsers Ulrike. Doch auch die „hohe Weisheit“ ihrer Worte „hilft“ dem Liebenden nicht, denn er ist jetzt „fern“ von ihr, und alles was ihm „bleibt“, sind „grenzenlose Tränen“. Allerdings verschafft ihm auch das Weinen keine Erleichterung, und schließlich „rast's und reißt“ in seiner „Brust“, es ist ein Kampf auf „Leben“ und „Tod“. Die Möglichkeit des Suizids wird angesprochen, vielleicht auch erwogen, aber er kann sich nicht dazu entschließen. In Strophe einundzwanzig wechselt das lyrische Ich in die dritte Personalform und erneut wird das Bild der Geliebten heraufbeschworen. In der vorletzten Strophe werden die „Weggenossen“ direkt angesprochen. Sie sollen ihn „verlassen“, ihnen steht die Welt noch immer offen, sie sollen weiter sammeln und „Naturgeheimniss[e]“ erforschen. Ihm aber bringt das nichts mehr,

332 Goethe Gedichte, Trunz, S. 381f.

ihm ist alles „verloren". Die „Götter[...]", deren „Liebling" er einst war, „trennen" ihn von der Geliebten und „richten" ihn „zu Grunde".[333]

Eckermann war begeistert von der Elegie und wollte darin die „jugendlichste Gluth der Liebe, gemildert durch die sittliche Höhe des Geistes"[334] entdeckt haben. Als er Goethe sein Empfinden mitteilte, meinte dieser am 16. November zu ihm:

> Sie sehen das Product eines höchst leidenschaftlichen Zustandes, [...] als ich darin befangen war, hätte ich ihn um alles in der Welt nicht entbehren mögen, und jetzt möchte ich um keinen Preis wieder hineingerathen. Ich schrieb das Gedicht, unmittelbar als ich von Marienbad abreiste und ich mich noch im vollen frischen Gefühle des Erlebten befand. Morgens acht Uhr auf der ersten Station schrieb ich die erste Strophe, und so dichtete ich im Wagen fort und schrieb von Station zu Station das im Gedächtniß Gefaßte nieder, sodaß es Abends fertig auf dem Papiere stand. Es hat daher eine gewisse Unmittelbarkeit und ist wie aus einem Gusse, welches dem Ganzen zu gute kommen mag.[335]

Zu diesem Zeitpunkt, so scheint es oder so wollte er zumindest vermitteln, lag das Schlimmste bereits hinter ihm. Die kurz darauf ausgebrochene Krankheit bewies das Gegenteil – das Schreiben hatte nicht geholfen, aber das Lesen half. Indem er sich die *Elegie* immer wieder vorlesen ließ, sie verinnerlichte wie ein Gebet, wurde er geheilt. Es wird in Zusammenhang mit diesem besonderen Gedicht immer wieder von Goethes Entsagen gesprochen, doch das hätte seine Akzeptanz gegenüber Ulrikes Entscheidung, nämlich ihn nicht zu heiraten, vorausgesetzt. Er hatte ihren Entschluss nicht akzeptiert, noch nicht. Am 31. Dezember 1823 schrieb er in einem Brief an Amalie von Levetzow über „Wünsche und Hoffnungen" für das neue Jahr:

> Mögen die meinen den Ihrigen begegnen! Möge sich dem Erfüllen und Gelingen nichts! nichts! entgegen setzen! Sagen sie sich untereinander alles in traulicher Stunde, wie es auf der Terasse, im Hin- und Herwandeln weitläufiger auszuführen wäre. [...] mit Sehnsucht hoffend und erwartend. treu anhänglich G. (WA IV/37, 299f)

---

333 Goethe Gedichte, Trunz, S. 383ff.
334 Goethes Gespräche, Biedermann, Bd. 4, S. 320.
335 Ebda, Bd. 4, S. 321.

Was Goethe während und nach seiner Krankheit wieder aufrichtete, war nicht die Aussicht auf das Entsagen, sondern die Hoffnung. Die Hoffnung hielt ihn am Leben, das Entsagen kam später. Jürgen Behrens erfasst die Situation völlig korrekt, wenn er schreibt, Goethe hätte nicht „entsagt“, sondern Ulrike hätte sich ihm „verweigert“. Zum ersten Mal in seinem langen Leben hätte er die „Qual des Zurückgewiesenen kennen“ gelernt.[336] Diese Lektion war für den inzwischen 74-Jährigen eine große Herausforderung, die er dennoch annahm und letztlich meisterte. Ulrike wiederzusehen wäre für ihn ein Leichtes gewesen, er hätte nur wie gewohnt im Sommer nach Böhmen reisen müssen und seine Entscheidung mit seiner angeschlagenen Gesundheit, der eine Kur gut getan hätte, rechtfertigen können. Das tat er nicht, er entschied sich gegen Böhmen und gegen Ulrike. Er sah sie nie wieder. Die Geschichte der *Elegie*, seines vielleicht schönsten aber zugleich auch traurigsten Gedichtes, war damit allerdings noch nicht zu Ende.

Im Frühjahr 1824 bat der Weygand Verlag in Leipzig Goethe, ein Vorwort zur 50-jährigen Sonderausgabe des *Werther* zu verfassen, woraufhin dieser innerhalb weniger Tage das bereits erwähnte Gedicht *An Werther* schrieb. Als er ein Jahr darauf dabei war, die Gedichte für die *Ausgabe letzter Hand* zusammenzustellen, kam ihm die Idee, es gemeinsam mit den in Marienbad und Karlsbad entstandenen, *Elegie* und *Aussöhnung*, zu einer Trilogie zusammenzufassen. Entsprechend dem zentralen Thema aller drei Gedichte, sollte es eine *Trilogie der Leidenschaft* werden.[337] Nach Goethes Ansicht lieferten diese drei Gedichte exakt das, was es für eine Trilogie brauchte: Zu Beginn eine „Art Exposition“ auf die eine „Art Katastrophe“ folgt und schließlich eine „versöhnende Ausgleichung“. Da „alle drei jetzt beisammenstehenden Gedichte“, so meinte er, „von demselbigen liebesschmerzlichen Gefühle durchdrungen worden“ seien, hätten sie sich gewissermaßen selbstständig zu „jener *Trilogie der Leidenschaft*“ zusammengefunden.[338] Auf diese Weise fand die ‚sorgenschwere‘ *Elegie* mit der *Aussöhnung* doch noch zu einem konzilianten und hoffnungsvollen Ausgang.

---

[336] Jürgen Behrens: Biographischer Hintergrund. Marienbad 1821-1823. In: Goethe Elegie, Behrens, S. 98.

[337] Vgl. Erich Trunz: Anmerkungen. Die späte Lyrik. In: Goethe, Gedichte, S. 756.

[338] Goethes Gespräche, Biedermann, Bd. 8, S. 115.

8. Schlussbetrachtung

Die besondere Leistung Walsers, diesen Roman betreffend, besteht in der exakt koordinierten Komposition von Intertextualität, Historizität und Fiktion. Die Gefahr, die sich aus der Verwendung intertextueller Zitate und Bezüge ergeben kann, ist, dass diese inadäquat eingesetzt oder, noch schlimmer, eklektizistisch ausgewählt werden. Beides ist für den Leser/die Leserin, vorausgesetzt er/sie erkennt die Textstellen, überaus anstrengend und unangenehm, wodurch das Lesevergnügen deutlich vermindert wird. Nichts davon ist jedoch im *Liebenden Mann* festzustellen. In Walsers Roman finden sich treffende Zitate an den richtigen Stellen und diese Kombination erzeugt neben einer gewissen Spannung, die sich primär aus der Herausforderung, die Textstellen erkennen und richtig zuordnen zu können, ergibt, auch eine besondere Lese-Atmosphäre. Während die ersten beiden Teile des Romans den Leser/die Leserin dazu einladen, sich in goethesche Sphären zu versenken, kommen Walser-Fans – nicht nur, aber vermehrt – im dritten Teil auf ihre Kosten. Bereits damit bedient der Roman die Bedürfnisse zweier völlig heterogener literarischer Strömungen, die, das beweist dieses Werk eindeutig, überaus konstruktiv miteinander harmonieren. Daneben komplettiert Walser mit *Ein liebender Mann* gewissermaßen den Kampf für das Recht auf Liebe, Leidenschaft und Sexualität im Alter, den er mit den vorangegangenen Romanen *Der Augenblick der Liebe* und *Angstblüte* begonnen hatte. Durch und mit Goethe, dem vielleicht verehrtesten ‚Nationalheiligen' Deutschlands, schafft Walser es endlich, mit diesem Thema verstanden zu werden. Die einfühlsamen und unaufdringlichen Einblicke, die er in das Phänomen ‚Altsein' gewährt, setzen nur ein geringes Maß an Identifikationspotenzial voraus und vermögen es, auch den jungen Leser zu fesseln und zu bewegen.

In welchem Maß sich Walsers Geschichte stellenweise von der Wahrheit entfernt, ist literarisch betrachtet kaum von Bedeutung, denn er stellt mit seinem Roman nicht den Anspruch, die historischen Tatsachen vermitteln zu wollen. Natürlich könnte ausführlich darüber reflektiert werden, wie sehr oder wenig authentisch Walser seinen Protagonisten Goethe die Herkunft des Wortes „veloziferisch" (LM, 129) erklären lässt. Eine goethesche Wortneuschöpfung übrigens, der Manfred Osten eine ganze Abhandlung gewidmet hat.[339] Auch die Überlegung, ob Goethes Begriff „Sorgenschwere"[340] in der *Elegie* als Antithese für Walsers Neologismus „Leichtigkeitsschwere" (LM, 284) diente, ist letztlich wenig sinnvoll, da sie nicht überprüfbar ist. Möglicherweise hat Walser den Titel seines Romans irgendwann einmal bei Urzidil gelesen, welcher in seinem Buch die rhetorische und überaus berechtigte Frage stellt, ob Goethe vielleicht im Sommer 1822 „schon ein liebender Mann"[341] war. Eine besondere Raffinesse Walsers ist in diesem Zusammenhang außerdem die Idee, seinen Protagonisten Goethe im Roman ebenfalls einen Roman mit dem Titel *Ein liebender Mann* schreiben zu lassen. (Vgl. LM, 96) Alle diese nicht zu beantwortenden Fragen und Betrachtungen sind jedoch für den Gehalt und das Funktionieren des Romans völlig irrelevant. So steht es dem Leser/der Leserin, ganz nach Wolfgang Iser und der Rezeptionstheorie, frei, die historischen Anspielungen zu reflektieren, nachzuprüfen oder auch zu ignorieren und den Text auf seine/ihre eigene Weise in sich kohärent zu konstruieren. Denn Kohärenz ist die einzige wirkliche Direktive, welche Iser, ebenso wie die anderen Vertreter dieser Literaturtheorie, fordert.[342]

Die Herausforderung, die das Schreiben dieser Arbeit mit sich brachte, war in erster Linie die Quellenforschung. Es gibt eine beinahe unüberschaubare Menge an Literatur zu und über das Leben und die Werke Goethes. Das ist einerseits von Vorteil, stellt aber andererseits auch ein Problem dar, denn nachdem man sich zuerst mühevoll einen Überblick verschaffen musste, gilt es danach, die wissenschaftlich fundierten und für die eigene Arbeit relevanten Abhandlungen herauszufiltern. Der größte Gewinn ergibt sich zweifellos aus den vielen kleinen Schritten, die schließlich zum Ziel führen, das im kontinuierlichen Zuwachs von Wissen besteht.

Zu Goethe sei abschließend festgehalten, dass die Spekulationen über seine Gefühle für Ulrike von Levetzow seit beinahe 200 Jahren anhalten und wohl auch noch in Zukunft in der einen oder anderen Form thematisiert werden dürften. Diese Episode seines Lebens mit der ihr immanenten Intensität, Leidenschaft und Tragik liefert den Stoff, aus dem Mythen sind. Seinen letzten Geburtstag am 28. August 1831 feierte Goethe in Ilmenau, das er mit unzähligen Erinnerungen

[339] Vgl. Manfred Osten: ‚Alles veloziferisch' oder Goethes Entdeckung der Langsamkeit. Zur Modernität eines Klassikers im 21. Jahrhundert. Frankfurt, Leipzig: Insel 2003.
[340] Goethe Gedichte, Trunz, S. 382.
[341] Urzidil, Böhmen, S. 158.
[342] Vgl. Eagleton, Literaturtheorie, S. 48.

verband. Einen Tag zuvor besuchte er die kleine Schutzhütte[343] am Kickelhahn, in deren Wände er vermutlich am 6. September 1780 das Gedicht *Über allen Gipfeln ist ruh* geritzt hatte und bei dessen Anblick er fünfzig Jahre später angeblich Tränen vergossen haben soll.[344] Einen Tag darauf, an seinem 82. Geburtstag, verfasste er in offensichtlich melancholischer Stimmung einen Brief an Frau von Levetzow, der am Ende dieser Arbeit nicht fehlen darf:

> Heute, verehrte Freundin, auf dem Lande, freundlich veranstalteten Festlichkeiten ausweichend, stelle ich jenes Glas vor mich, das auf so manche Jahre zurückdeutet, und mir die schönsten Stunden vergegenwärtigt. Nach so unerfreulichen Schicksalen, welche über mich ergangen, an denen Sie gewiß herzlichen Antheil genommen, wende ich mich wieder zu Ihnen und Ihren Lieben, einige Nachricht erbittend, die Versicherung aussprechend: Daß meine Gesinnungen unwandelbar bleiben. [...] treu angehörig JWvGoethe.[345]

War Ulrike für ihn tatsächlich die große Liebe oder schlicht der Auslöser für eine „temporäre Verjüngung“[346]? Astrid Seele meint, er hätte auf sie „all die weiblichen Eigenschaften projiziert[...], nach denen er in dieser letzten Periode seines Lebens Sehnsucht“ empfunden hätte, und sie stünde, wie jede Frau in seinem Leben, „für die Eine, die es so nicht gab“[347]. Die Wahrheit zu finden ist ohne eine Auskunft Goethes nicht möglich, und so liegt auch an dieser Stelle die Entscheidung am Ende beim Rezipienten. Was bleibt ist die Dichtung – seine unsterbliche *Elegie*, für die auch die folgende Sentenz, die Goethe einmal zu den *Wahlverwandtschaften* äußerte, Geltung besitzt: „Jede Dichtung, die nicht übertreibt, ist wahr, und alles, was einen dauernden, tiefen Eindruck macht, ist nicht übertrieben.“[348]

343 Vgl. Foto im Anhang auf S. 154.

344 Vgl. Sigrid Damm: Goethes letzte Reise. Frankfurt, Leipzig: Insel 2007, S. 124ff.

345 Johann Wolfgang von Goethe: Brief an Frau von Levetzow vom 28. August 1831. Zitiert nach: Suphan, Briefe, S. 27.

346 Goethes Gespräche, Biedermann, Bd. 6, S. 280.

347 Astrid Seele: Frauen um Goethe. 3. Aufl. Reinbek: Rowohlt 2010. (= rowohlts monographien. 50636.) S. 165.

348 Goethes Gespräche, Biedermann, Bd. 2, S. 292.

9. Siglenverzeichnis

LM = Walser, Martin: Ein liebender Mann. Roman. Reinbeck: Rowohlt 2008.

WA III = GOETHE, Johann Wolfgang von: Werke. Weimarer Ausgabe. Hrsg. im Auftrage der Großherzogin Sophie von Sachsen. III. Abt.: Goethes Tagebücher. Bd. 1-15. Weimar: Böhlau 1887-1919.

WA IV = GOETHE, Johann Wolfgang von: Werke. Weimarer Ausgabe. Hrsg. im Auftrage der Großherzogin Sophie von Sachsen. IV. Abt.: Goethes Briefe. Bd. 1-50. Böhlau 1887-1912.

10. Literaturverzeichnis

10.1 Primärliteratur

WALSER, Martin: Ein liebender Mann. Roman. Reinbeck: Rowohlt 2008.

10.2 Sekundärliteratur

10.2.1 Johann Wolfgang von Goethe - Primärliteratur

Goethe. Gedichte. Hrsg. und kommentiert von Erich Trunz. München: Beck 2007.

GOETHE, Johann Wolfgang von: Brief an Frau von Levetzow vom 9. September 1823. Zitiert nach: Bernhard Suphan: Briefe Goethes an Ulrike von Levetzow und ihre Mutter Amalie von Levetzow, geb. von Brösigke. In: Goethe-Jarhbuch 21 (1900), S. 9.

GOETHE, Johann Wolfgang von: Brief an Frau von Levetzow vom 28. August 1831. Zitiert nach: Bernhard Suphan: Briefe Goethes an Ulrike von Levetzow und ihre Mutter Amalie von Levetzow, geb. von Brösigke. In: Goethe-Jarhbuch 21 (1900), S. 27.

GOETHE, Johann Wolfgang von: Der Mann von funfzig Jahren. Mit einem Nachwort von Adolf Muschg. Frankfurt, Leipzig: Insel 2007. (= insel taschenbuch. 3200.)

GOETHE, Johann Wolfgang von: Die guten Frauen als Gegenbilder der bösen Weiber. Frankfurt: Insel 1986. (= insel taschenbuch. 925.)

GOETHE, Johann Wolfgang von: Die Leiden des jungen Werther. Frankfurt, Leipzig: Insel 1998. (= insel taschenbuch. 2284.)

GOETHE, Johann Wolfgang von: Die Wahlverwandtschaften. Ein Roman. Mit einem Nachwort von Reinhard Baumgart. Zürich: Diogenes 1996. (= detebe-Klassiker. 22870.)

GOETHE, Johann Wolfgang von: Egmont. Ein Trauerspiel in fünf Aufzügen. Stuttgart: Reclam 1993. (= Reclams Universal-Bibliothek. 75.)

GOETHE, Johann Wolfgang von: Torquato Tasso. Ein Schauspiel. Stuttgart: Reclam 2003. (= Universal-Bibliothek. 88.)

GOETHE, Johann Wolfgang von: Trilogie der Leidenschaft. Text und Dokumente. Hrsg. und mit einem Essay versehen von Hans Kaufmann. Rudolstadt: Hain 1995. (= Edition Palmbaum.)

GOETHE, Johann Wolfgang von: Werke. Weimarer Ausgabe. Hrsg. im Auftrage der Großherzogin Sophie von Sachsen. III. Abt.: Goethes Tagebücher. Bd. 1-15. Weimar: Böhlau 1887-1919.

GOETHE, Johann Wolfgang von: Werke. Weimarer Ausgabe. Hrsg. im Auftrage der Großherzogin Sophie von Sachsen. IV. Abt.: Goethes Briefe. Bd. 1-50. Weimer: Böhlau 1887-1912.

GOETHE, Johann Wolfgang von: West-östlicher Divan. Hrsg. von Hans-J. Weitz. Frankfurt, Leipzig: Insel 1998. (= insel taschenbuch. 2282.)

GOETHE, Johann Wolfgang von: Wilhelm Meisters Lehrjahre. Wilhelm Meisters Wanderjahre. Düsseldorf, Zürich: Patmos 2005.

10.2.2 Sekundärliteratur zu Goethe

APPEL, Sabine: Im Feengarten. Goethe und die Frauen. Stuttgart: Deutsche Verlags-Anstalt 1998.

BAHR, Erhard: Wilhelm Meisters Wanderjahre oder die Entsagenden. In: Goethe Handbuch. Prosaschriften. Bd. 3. Hrsg. von Bernd Witte, Peter Schmidt und Gernot Böhme. Stuttgart, Weimar: Metzler 2004. (= Goethe Handbuch. Hrsg. von Bernd Witte [u. a.]. 3.) S. 186-231.

BÄUMER, Gertrud: Goethes Freundinnen. Briefe zu ihrer Charakteristik. Leipzig, Berlin: Teubner 1909.

BEHRENS, Jürgen: Biographischer Hintergrund. Marienbad 1821-1823. In: Johann Wolfgang Goethe. Elegie von Marienbad. Urschrift. September 1823. Hrsg. von Ders. und Christoph Michel. Frankfurt, Leipzig: Insel 1991. (= insel taschenbuch. 1250.) S. 87-99.

Bei Goethe zu Gast. Besucher in Weimar. Hrsg. von Werner Völker. Frankfurt, Leipzig: Insel 1996. (= insel taschenbuch. 1725.)

BORCHMEYER, Dieter: Goethe. Köln: DuMont 2005. (= Schnellkurs. 556.)

BRAUN von Braunthal, K. J.: Eine Römerfahrt zu Goethe. 1864. In: Goethes Gespräche. Eine Sammlung zeitgenössischer Berichte aus seinem Umgang. Auf Grund der Ausgabe und des Nachlasses von Flodoard Freiherrn von Biedermann. Fünf Bände in sechs Teilbänden. Hrsg. von Wolfgang Herwig. München: Deutscher Taschenbuch Verlag 1998, Bd. 3.1, S. 508-512.

CONRADY, Karl Otto: Goethe. Leben und Werk. Düsseldorf: Patmos 2006.

DAMM, Sigrid: Goethes letzte Reise. Frankfurt, Leipzig: Insel 2007.

EGLOFFSTEIN, Karoline Gräfin von: Brief an ihre Mutter vom 23. und 24. Februar 1823. In: Goethe in vertraulichen Briefen seiner Zeitgenossen. Bd. 3. 1817-1832. Hrsg. von Wilhelm Bode. Berlin, Weimar: Aufbau 1999. (= Aufbau Taschenbuch. 6049.) S. 128.

FRIEDENTHAL, Richard: Goethe. Sein Leben und seine Zeit. 16. Aufl. München: Piper 2008. (= Serie Piper. 248.)

GLEIM, Johann Wilhelm Ludwig: Notiz vom Juni 1777. In: Goethe. Seine äußere Erscheinung. Literarische und künstlerische Dokumente seiner Zeitgenossen. Hrsg. von Emil Schaeffer und Jörn Göres. Frankfurt, Leipzig: Insel 1999. (= insel taschenbuch. 2275.) S. 13.

Goethe Handbuch in vier Bänden. Hrsg. von Bernd Witte [u. a.]. Gefördert durch die Fritz Thyssen Stiftung und die Stiftung Weimarer Klassik. Sonderausgabe. Bd. 1-4.

Goethe in vertraulichen Briefen seiner Zeitgenossen. Bd. 3. 1817-1832. Hrsg. von Wilhelm Bode. Berlin, Weimar: Aufbau 1999. (= Aufbau Taschenbuch. 6049.)

Goethe. Seine äußere Erscheinung. Literarische und künstlerische Dokumente seiner Zeitgenossen. Hrsg. von Emil Schaeffer und Jörn Göres. Frankfurt, Leipzig: Insel 1999. (= insel taschenbuch. 2275.)

Goethe. Sein Leben in Bildern und Texten. Vorwort von Adolf Muschg. Hrsg. von Christoph Michel. Frankfurt am Main, Leipzig: Insel 1982.

Goethes Gespräche. Eine Sammlung zeitgenössischer Berichte aus seinem Umgang. Auf Grund der Ausgabe und des Nachlasses von Flodoard Freiherrn von Biedermann. Fünf Bände in sechs Teilbänden. Hrsg. von Wolfgang Herwig. München: Deutscher Taschenbuch Verlag 1998.

Goethes Gespräche. Hrsg. von Woldemar Freiherr von Biedermann. Bd. 1-10. Leipzig: Biedermann 1889-1896.

GRAEVENITZ, G. v.: Die Trilogie der Leidenschaft. In: Goethe-Jahrbuch 29 (1908), S. 71-87.

GRIES, Johann Diederich: Brief an Bernhard Rudolf Abeken vom 2. Januar 1824. Zitiert nach: Hans Gerhard Gräf: Goethe im Briefwechsel zweier Freunde. In: Jahrbuch der Goethe-Gesellschaft 5 (1918), S. 249-251.

GRILLPARZER, Franz: Aus seiner Selbstbiographie vom 2. Oktober 1826. In: Goethe. Seine äußere Erscheinung. Literarische und künstlerische Dokumente seiner Zeitgenossen. Hrsg. von Emil Schaeffer und Jörn Göres. Frankfurt, Leipzig: Insel 1999. (= insel taschenbuch. 2275.) S. 36f.

HÄRING, Wilhelm; Karl Grüneisen: 13. September 1824. In: Goethe. Seine äußere Erscheinung. Literarische und künstlerische Dokumente seiner Zeitgenossen. Hrsg. von Emil Schaeffer und Jörn Göres. Frankfurt, Leipzig: Insel 1999. (= insel taschenbuch. 2275.) S. 34.

HECHT, Wolfgang: Allerlei freundliche Dinge. Geburtstagsgeschenke für Goethe. Weimar: Nationale Forschungs- und Gedenkstätten der klassischen deutschen Literatur 1985.

HENKEL, Arthur: Geleitwort. In: Johann Wolfgang von Goethe. Elegie von Marienbad. Urschrift. September 1823. Hrsg. von Jürgen Behrens und Christoph Michel. Frankfurt, Leipzig: Insel 1991. (= insel taschenbuch. 1250.) S. 9-15.

HÖFER, Anja: Johann Wolfgang von Goethe. 4. Aufl. München: Deutscher Taschenbuch Verlag 2005. (= dtv. 31015.)

Johann Wolfgang von Goethe. Elegie von Marienbad. Urschrift. September 1823. Hrsg. von Jürgen Behrens und Christoph Michel. Frankfurt, Leipzig: Insel 1991. (= insel taschenbuch. 1250.)

Johann Wolfgang von Goethe, Ulrike von Levetzow. ‚... keine Liebschaft war es nicht'. Eine Textsammlung. Hrsg. von Jochen Klauß. Zürich: Manesse 1997.

KARELL, Viktor: Goethe im Egerland. Sein Leben, Forschen und Dichten in den Egerländer Weltbädern. 1785 – 1823. Altötting: Coppenrath 1949. (= Bücher der Heimat. 34.)

KAUFMANN, Hans: Goethes ‚Trilogie der Leidenschaft' (Nachwort). In: Johann Wolfgang von Goethe: Trilogie der Leidenschaft. Text und Dokumente. Hrsg. und mit einem Essay versehen von Ders. Rudolstadt: Hain 1995. (= Edition Palmbaum.) S. 15-50.

KLAUSS, Jochen: Nachwort. In: Johann Wolfgang von Goethe, Ulrike von Levetzow. ‚... keine Liebschaft war es nicht'. Eine Textsammlung. Hrsg. von Ders. Zürich: Manesse 1997, S. 95-121.

LEISEWITZ, Johann Anton: Brief an seine Frau vom 14. August 1780. In: Goethe. Seine äußere Erscheinung. Literarische und künstlerische Dokumente seiner Zeitgenossen. Hrsg. von Emil Schaeffer und Jörn Göres. Frankfurt, Leipzig: Insel 1999. (= insel taschenbuch. 2275.) S.14.

LOEPER, Gustav von: Zu Goethes Gedichten *Trilogie der Leidenschaft*. In: Goethe-Jahrbuch 8 (1887), S. 166.

MEUER, Peter: ‚Eine Liebschaft war es nicht'. *Goethe und Ulrike von Levetzow*. In: Ders.: Fülle des Augenblicks. Drei Versuche über Goethe. Heidenheim: Meuer 1985, S. 53-94.

MEUER, Peter: Fülle des Augenblicks. Drei Versuche über Goethe. Heidenheim: Meuer 1985.

MICHEL, Christoph: Geschichte des Textes. In: Johann Wolfgang von Goethe: Elegie von Marienbad. Urschrift. September 1823. Hrsg. von Jürgen Behrens und Ders. Frankfurt, Leipzig: Insel 1991. (= insel taschenbuch. 1250.) S. 101-117.

MÜLLER, Kanzler Friedrich von: Aufzeichnung von Montag 17. November. In: Ders.: Unterhaltungen mit Goethe. Hrsg. von Renate Grumach. Weimar: Böhlaus Nachfolger 1982, S. 104.

MUSCHG, Adolf: Nachwort. In: Johann Wolfgang Goethe: Der Mann von funfzig Jahren. Frankfurt, Leipzig: Insel 2007. (= insel taschenbuch. 3200.) S. 89-114.

NAGER, Frank: Der heilkundige Dichter. Goethe und die Medizin. Düsseldorf, Zürich: Artemis 1999.

OELLERS, Norbert; Steegers, Robert: Weimar. Literatur und Leben zur Zeit Goethes. 2. Aufl. Stuttgart: Reclam 2009. (= Reclam Taschenbuch. 20182.)

OSTEN, Manfred: ‚Alles veloziferisch' oder Goethes Entdeckung der Langsamkeit. Zur Modernität eines Klassikers im 21. Jahrhundert. Frankfurt, Leipzig: Insel 2003.

PARTHEY, Gustav Friedrich Konstantin: 30. August 1827. In: Goethe. Seine äußere Erscheinung. Literarische und künstlerische Dokumente seiner Zeitgenossen. Hrsg. von Emil Schaeffer und Jörn Göres. Frankfurt, Leipzig: Insel 1999. (= insel taschenbuch. 2275.) S. 38f.

PARTHEY, Lili: Tagebucheintrag vom 23. July [18]23. Zitiert nach: Otto Harnack: Goethe und Lili Parthey. In: Goethe-Jahrbuch 22 (1901), S. 113ff.

PUCHTINGER, Franz: Goethe in Karlsbad. Karlsbad, Leipzig: Heinisch 1922.

SCHLEIF, Walter: Goethes Diener. Berlin, Weimar: Aufbau 1965. (= Beiträge zur Deutschen Klassik. Hrsg. von Helmut Holtzhauer. 17.)

SEELE, Astrid: Frauen um Goethe. 3. Aufl. Reinbek: Rowohlt 2010. (= rowohlts monographien. 50636.)

SIMSON, Gerhard: Ulrike von Levetzow. Goethes Abschied vom Eros. In: Ders.: Schicksal im Schatten. 2. Aufl. München: Beck 1970, S. 129-154.

SIMSON, Gerhard: Schicksal im Schatten. 2. Aufl. München: Beck 1970.

STIELER, Joseph Karl: 1828. Ölgemälde auf Leinwand. In: Goethe. Seine äußere Erscheinung. Literarische Dokumente seiner Zeitgenossen. Hrsg. von Emil Schaeffer und Jörn Göres. Frankfurt, Leipzig: Insel 1999. (= insel taschenbuch. 2275) S. 178.

SUPHAN, Bernhard: Briefe Goethes an Ulrike von Levetzow und ihre Mutter Amalie von Levetzow, geb. von Brösigke. In: Goethe-Jahrbuch 21 (1900), S. 7-51.

SUPHAN, Bernhard: Goethe und der Graf St. Leu. In: Goethe-Jahrbuch 15 (1894), S. 111-116.

SUPHAN, Bernhard: Ulrike von Levetzow. In: Goethe-Jahrbuch 21 (1900), S. 3-6.

TRUNZ, Erich: Anmerkungen. In: Goethe. Gedichte. Hrsg. und kommentiert von Ders. München: Beck 2007. S. 445-777.

URZIDIL, Johannes: Goethe in Böhmen. 2. erw. Aufl. Zürich: Artemis 1965.

WENZEL, Manfred: Goethe und die Medizin. Selbstzeugnisse und Dokumente. Frankfurt, Leipzig: Insel 1992. (= insel taschenbuch. 1350.)

WILPERT, Gero von: Die 101 wichtigsten Fragen. Goethe. Nördlingen: Beck 2007. (= becksche reihe. 1754.)

10.2.3 Martin Walser - Primärliteratur

WALSER, Martin: Angstblüte. Roman. Reinbek: Rowohlt 2008. (= rororo. 24651.)

WALSER, Martin: Aus dem Wortschatz unserer Kämpfe. Prosa, Aufsätze, Gedichte. Frankfurt: Suhrkamp 2002.

WALSER, Martin: Brandung. Roman. Frankfurt: Suhrkamp 1985.

WALSER, Martin: Der Augenblick der Liebe. Roman. Reinbek: Rowohlt 2006. (= rororo. 24020.)

WALSER, Martin: Der Lebenslauf der Liebe. Roman. Frankfurt: Suhrkamp 2001.

WALSER, Martin: Ein fliehendes Pferd. Novelle. Frankfurt: Suhrkamp 1980. (= suhrkamp taschenbuch. 600.)

WALSER, Martin: Gefahrenvoller Aufenthalt. In: Ders.: Ein Flugzeug über dem Haus und andere Geschichten. S. 14-25.

WALSER, Martin: Goethes Anziehungskraft. In: Ders.: Aus dem Wortschatz unserer Kämpfe. Prosa, Aufsätze, Gedichte. Frankfurt: Suhrkamp 2002, S. 196-214.

WALSER, Martin: Hilfe vom Selbsthelfer. Ein Versuch über Goethe. In: Ders.: Aus dem Wortschatz unserer Kämpfe. Prosa, Aufsätze, Gedichte. Frankfurt: Suhrkamp 2002, S. 215-229.

WALSER, Martin: In Goethes Hand. Szenen aus dem 19. Jahrhundert. Frankfurt: Suhrkamp 1984. (= suhrkamp taschenbuch. 1077.)

WALSER, Martin: Ohne einander. Frankfurt: Suhrkamp 2007. (= suhrkamp taschenbuch. 3907.)

WALSER, Martin: Tod eines Kritikers. Roman. Reinbek: Rowohlt 2009. (= rororo. 25226.)

WALSER, Martin: Was ist ein Klassiker? In: Ders.: Aus dem Wortschatz unserer Kämpfe. Prosa, Aufsätze, Gedichte. Frankfurt: Suhrkamp 2002, S. 230-241.

10.2.4 Sekundärliteratur zu Walser

EICHEL, Christine: Nie wieder Altmännerliteratur – ein Gespräch mit Elke Heidenreich. In: Cicero. Magazin für politische Kultur. 05 (2007), S. 134-137.

FUHR, Eckhard: ‚Ich bin todesscheu.' Der Schriftsteller Martin Walser im Gespräch über seinen neuen Roman, Suhrkamp und sein Land – Interview. In: Die Welt (Berlin) vom 12.07.2004.

LUIK, Arno: ‚Du stehst da oben, du willst lesen, dann brüllen die Bengel: Antisemit!' Krach des Jahres 2002. In: Stern. Menschen, Bilder und Geschichten [Sonderausgabe zum Jahresrückblick 2002], S. 158ff.

MAGENAU, Jörg: Martin Walser. Eine Biographie. Hamburg: Rowohlt 2008. (= rororo. 24772.)

10.2.5 Allgemeine Literatur

Allgemeine Deutsche Biographie. Bd. 33. Auf Veranlassung und mit Unterstützung Seiner Majestät des Königs von Bayern hrsg. durch die historische Commission bei der Königlichen Akademie der Wissenschaften. Leipzig: Duncker, Humblot 1891.

APPEL, Vera-M: Zu dieser Ausgabe. In: Ulrike von Levetzow: Erinnerungen an Goethe. Mit dem Faksimile der Originalhandschrift. Vorwort von Werner Fuld. Hrsg. von Vera-M. Appel. Weßling: Appel 2008.

Aus Ottilie von Goethes Nachlaß. Briefe und Tagebücher von ihr und an sie bis 1832. Nach den Handschriften des Goethe- und Schiller-Archivs. Hrsg. von Wolfgang von Oettingen. Weimar: Goethe-Gesellschaft 1913. (= Schriften der Goethe-Gesellschaft. 28.)

BEDÜRFTIG, Friedemann: Die lieblichste der lieblichsten Gestalten. Ulrike von Levetzow und Goethe. Reinbek bei Hamburg: Rowohlt 2004.

BIEDRZYNSKI, Effi: Carl August, Herzog. In: Goethe Handbuch. *Personen. Sachen. Begriffe. A-K.* Bd. 4.1. Hrsg. von Hans-Dietrich Dahnke und Regine Otto. Stuttgart, Weimar: Metzler 2004. (= Goethe Handbuch. Hrsg. von Bernd Witte [u. a.]. 4.1.) S. 150-155.

BROCKMEIER, Peter: Voltaire. In: Goethe Handbuch. *Personen. Sachen. Begriffe. L-Z.* Bd. 4.2. Hrsg. von Hans-Dietrich Dahnke und Regine Otto. Stuttgart, Weimar: Metzler 2004. (= Goethe Handbuch. Hrsg. von Bernd Witte [u. a.]. 4.2.) S. 1111-1113.

BURDORF, Dieter: Einführung in die Gedichtanalyse. 2. überarb. Aufl. Stuttgart, Weimar: Metzler 1997. (= Sammlung Metzler. 284.)

CHECHLINSKA, Zofia: Szymanowska, Maria Agata. In: The New Grove Dictinary of Music and Musicians™. 2. Aufl. Hrsg. von Stanley Sadie und John Tyrrell. Bd. 24. London: Macmillan 2001, S. 892-893.

DAMM, Sigrid: Christiane und Goethe. Eine Recherche. Frankfurt, Leipzig: Insel 2001. (= insel taschenbuch. 2800.)

DELBRÜCK, Hansgerd: Retardierendes Moment. In: Metzler Lexikon Literatur. Begriffe und Definitionen. Begründet von Günther und Irmgard Schweikle. 3., völlig neu bearb. Aufl. Hrsg. von Dieter Burdorf, Christoph Fasbender und Burkhard Moennighoff. Stuttgart, Weimar: Metzler 2007, S. 648-649.

Der Briefwechsel zwischen Goethe und Zelter. Bd. 2. Hrsg. von Max Hecker. Leipzig: Insel 1915.

DIETZSCH, Steffen: Kant, Immanuel. In: Goethe Handbuch. *Personen. Sachen. Begriffe. A-K.* Bd. 4.1. Hrsg. von Hans-Dietrich Dahnke und Regine Otto. Stuttgart, Weimar: Metzler 2004. (= Goethe Handbuch. Hrsg. von Bernd Witte [u. a.]. 4.1.) S. 594-596.

EAGLETON, Terry: Einführung in die Literaturtheorie. Aus dem Englischen übersetzt von Elfi Bettinger und Elke Hentschel. 4., erw. und aktual. Aufl. Stuttgart, Weimar: Metzler 1997. (= Sammlung Metzler. 246.)

FINK, Humbert; Friedhelm Wachs: Die böhmischen Bäder. Karlsbad. Marienbad. Franzensbad. München: Bucher 1992. (= Bucher's Reisebegleiter. 74.)

FREITAG, Egon: Das Gespräch. Lebensstationen Johann Peter Eckermanns 1832 bis 1854. In: Johann Peter Eckermann. Leben im Spannungsfeld Goethes. 2. Aufl. Hrsg. im Auftrage der Stiftung Weimarer Klassik vom Goethe-Nationalmuseum. Weimar: Böhlaus Nachfolger 1995. (= Edition Weimarer Klassik.) S. 81-86.

FREITAG, Egon; Viola Geyersbach: Der Prozeß des Hörens und Schreibens. Eckermanns Leben mit Goethe 1823 bis 1832. In: Johann Peter Eckermann. Leben im Spannungsfeld Goethes. 2. Aufl. Hrsg. im Auftrage der Stiftung Weimarer Klassik vom Goethe-Nationalmuseum. Weimar: Böhlaus Nachfolger 1995. (= Edition Weimarer Klassik.) S. 41-51.

FRIED, Erich: Es ist was es ist: Liebesgedichte, Angstgedichte, Zorngedichte. Berlin: Wagenbach 1983.

FULD, Werner: Vorwort. In: Ulrike von Levetzow: Erinnerungen an Goethe. Mit dem Faksimile der Originalhandschrift. Vorwort von Werner Fuld. Hrsg. von Vera-M. Appel. Weßling: Appel 2008.

FULDA, Daniel: Historischer Roman. In: Metzler Lexikon Literatur. Begründet von Günter und Irmgard Schweikle. 3., völlig neu bearb. Aufl. Hrsg. von Dieter Burdorf, Christoph Fasbender und Burkhard Moennighoff. Stuttgart, Weimar: Metzler 2007, S. 318-319.

GERSDORFF, Dagmar von: Goethes Enkel. Walther, Wolfgang und Alma. Frankfurt, Leipzig: Insel 2008.

GERSDORFF, Dagmar von: Goethes späte Liebe. Die Geschichte der Ulrike von Levetzow. Frankfurt, Leipzig: Insel 2005. (= Insel-Bücherei. 1265.)

GEYERSBACH, Viola: Ausgang und Traum des Johann Peter Eckermann. In: Johann Peter Eckermann. Leben im Spannungsfeld Goethes. 2. Aufl. Hrsg. im Auftrage der Stiftung Weimarer Klassik vom Goethe-Nationalmuseum. Weimar: Böhlaus Nachfolger 1995. (= Edition Weimarer Klassik.) S. 19-24.

GNIRS, Anton: Topographie der historischen und kunstgeschichtlichen Denkmale in dem Bezirke Karlsbad. Hrsg. vom Collegium Carolinum. München: Oldenbourg 1996. (= Handbuch der sudetendeutschen Kulturgeschichte. 8.)

GOETHE, August von: Brief an Friedrich Schlosser vom 3. Dezember 1823. In: Goethe in vertraulichen Briefen seiner Zeitgenossen. Bd. 3. 1817-1832. Hrsg. von Wilhelm Bode. Berlin, Weimar: Aufbau 1999. (= Aufbau Taschenbuch. 6049.) S. 176f.

GOETHE, August von: Brief an seine Frau Ottilie vom 13. September 1823. In: Goethe in vertraulichen Briefen seiner Zeitgenossen. Bd. 3. 1817-1832. Hrsg. von Wilhelm Bode. Berlin, Weimar: Aufbau 1999. (= Aufbau Taschenbuch. 6049.) S. 154f.

GOETHE, August von: Brief an seine Frau vom 13. September 1823. In: Aus Ottilie von Goethes Nachlaß. Briefe und Tagebücher von ihr und an sie bis 1832. Nach den Handschriften des Goethe- und Schiller-Archivs. Hrsg. von Wolfgang von Oettingen. Weimar:

Goethe-Gesellschaft 1913. (= Schriften der Goethe-Gesellschaft. 28.) S. 74f.

GOETHE, August von: Brief an seine Frau vom 14. September 1823. In: Aus Ottilie von Goethes Nachlaß. Briefe und Tagebücher von ihr und an sie bis 1832. Nach den Handschriften des Goethe- und Schiller-Archivs. Hrsg. von Wolfgang von Oettingen. Weimar: Goethe-Gesellschaft 1913. (= Schriften der Goethe-Gesellschaft. 28.) S. 75f.

GOETHE, Ottilie von: Brief an Goethe vom 28. August 1818. In: Aus Ottilie von Goethes Nachlaß. Briefe und Tagebücher von ihr und an sie bis 1832. Nach den Handschriften des Goethe- und Schiller-Archivs. Hrsg. von Wolfgang von Oettingen. Weimar: Goethe-Gesellschaft 1913. (= Schriften der Goethe-Gesellschaft. 28) S. 41-45.

GRUMACH, Renate: Müller, Friedrich von. In: Goethe Handbuch. *Personen. Sachen. Begriffe. L-Z.* Bd. 4.2. Hrsg. von Hans-Dietrich Dahnke und Regine Otto. Stuttgart: Metzler 2004. (= Goethe Handbuch. Hrsg. von Bernd Witte [u. a.]. 4.2.) S. 719-720.

HERZIG, L.: Die Heilung der Krankheiten mit Hülfe des Kreuzbrunnen zu Marienbad. Prag: Gottlieb Haase Söhne 1840.

HUFELAND, Christoph Wilhelm: Makrobiotik oder die Kunst das menschliche Leben zu verlängern. Zweyter Theil. 3. Aufl. Berlin: Wittich 1805.

HUMBOLDT, Karoline von: Brief an ihren Mann vom 20. August 1823. In: Goethe in vertraulichen Briefen seiner Zeitgenossen. Bd. 3. 1817-1832. Hrsg. von Wilhelm Bode. Berlin, Weimar: Aufbau 1999. (= Aufbau Taschenbuch. 6049.) S. 153.

HUMBOLDT, Wilhelm von: Brief an seine Frau vom 19. November 1823. In: Goethe in vertraulichen Briefen seiner Zeitgenossen. Bd. 3. 1817-1832. Hrsg. von Wilhelm Bode. Berlin, Weimar: Aufbau 1999. (= Aufbau Taschenbuch. 6049.) S. 170-171.

ISER, Wolfgang: Der Lesevorgang. Eine phänomenologische Perspektive. In: Rezeptionsästhetik. Theorie und Praxis. Hrsg. von Rainer Warning. München: Fink 1975. (= UTB. 303.)

Johann Peter Eckermann. Leben im Spannungsfeld Goethes. 2. Aufl. Hrsg. im Auftrage der Stiftung Weimarer Klassik vom Goethe-Nationalmuseum. Weimar: Böhlaus Nachfolger 1995. (= Edition Weimarer Klassik.)

KÖPPE, Tilmann: Rezeptionsästhetik. In: Metzler Lexikon Literatur. Begriffe und Definitionen. Begründet von Günther und Irmgard Schweikle. 3., völlig neu bearb. Aufl. Hrsg. von Dieter Burdorf, Christoph Fasbender und Burkhard Moennighoff. Stuttgart, Weimar: Metzler 2007, S. 650.

LAUTERBACH, Ernst: Medizin Zitate Lexikon. Lebenserfahrungen eines Arztes. Quellennachweise. München: iudicum 2010.

LEVETZOW, Amalie von: Brief an Goethe vom 28. August 1824. Zitiert nach: Gertrud Bäumer: Goethes Freundinnen. Briefe zu ihrer Charakteristik. Leipzig, Berlin: Teubner 1909, S. 314f.

LEVETZOW, Amalie von: Brief an Goethe vom 6. September 1829. Zitiert nach: Gustav von Loeper: Zu Goethes Gedichten *Trilogie der Leidenschaft*. In: Goethe-Jahrbuch 8 (1887), S.184ff.

LEVETZOW, Ulrike von: Brief vom 28. August 1824. Zitiert nach: Gustav von Loeper: Zu Goethes Gedichten *Trilogie der Leidenschaft*. In: Goethe-Jahrbuch 8 (1887), S. 183f.

LEVETZOW, Ulrike von: Erinnerungen an Goethe. Mit dem Faksimile der Originalhandschrift. Vorwort von Werner Fuld. Hrsg. von Vera-M. Appel. Weßling: Antiquariat Appel 2008, [o. S.].

MANN, Thomas: Briefe. 1889 – 1936. Hrsg. von Erika Mann. Frankfurt: Fischer 1965.

MARTINEZ, Matias: Intertextualität. In: Metzler Lexikon Literatur. Begründet von Günter und Irmgard Schweikle. 3., völlig neu bearb. Aufl. Hrsg. von Dieter Burdorf, Christoph Fasbender und Burkhard Moennighoff. Stuttgart, Weimar: Metzler 2007, S. 357f.

METZLER Autoren Lexikon. Deutschsprachige Dichter und Schriftsteller vom Mittelalter bis zur Gegenwart. 3. akt. und erw. Aufl. Hrsg. von Bernd Lutz und Benedikt Jeßing. Stuttgart, Weimar: Metzler 2004.

METZLER Lexikon Literatur. Begründet von Günter und Irmgard Schweikle. 3., völlig neu bearb. Aufl. Hrsg. von Dieter Burdorf, Christoph Fasbender und Burkhard Moennighoff. Stuttgart, Weimar: Metzler 2007.

MÜLLER, Kanzler Friedrich von: Brief an Julie von Egloffstein vom 19. Juli 1824. In: Goethe in vertraulichen Briefen seiner Zeitgenossen. Bd. 3. 1817-1832. Hrsg. von Wilhelm Bode. Berlin, Weimar: Aufbau 1999. (= Aufbau Taschenbuch. 6049.) S. 185.

MÜLLER, Kanzler Friedrich von: Brief an Julie von Egloffstein vom 25. September 1823. In: Goethe in vertraulichen Briefen seiner Zeitgenossen. Bd. 3. 1817-1832. Hrsg. von Wilhelm Bode. Berlin, Weimar: Aufbau 1999. (= Aufbau Taschenbuch. 6049.) S. 157.

Neue Deutsche Biographie. Bd. 14. Hrsg. von der historischen Kommission bei der Bayerischen Akademie der Wissenschaften. Berlin: Duncker, Humblot 1985.

OTTO, Regine: Knebel, Karl Ludwig von. In: Goethe Handbuch. *Personen. Sachen. Begriffe. A-K.* Bd. 4.1. Hrsg. von Hans-Dietrich Dahnke und Regine Otto. Stuttgart, Weimar: Metzler 2004. (= Goethe Handbuch. Hrsg. von Bernd Witte [u. a.]. 4.1.) S. 613-616.

PETERS, Uwe Henrik: Lexikon der Psychiatrie. Psychotherapie. Medizinischen Psychologie. 6. Aufl. München: Urban, Fischer 2007.

PETERS, Uwe Henrik: Taedium vitae. In: Ders.: Lexikon der Psychiatrie. Psychotherapie. Medizinischen Psychologie. 6. Aufl. München: Urban, Fischer 2007, S. 549.

POLENZ, Peter von: Deutsche Sprachgeschichte. Vom Spätmittelalter bis zur Gegenwart. Bd. 3. 19. und 20. Jahrhundert. Berlin, New York: de Gruyter 1999. (= De-Gruyter-Studienbuch.)

PYTHAGORAS: Berichte. Zitiert nach: Ernst Lauterbach: Medizin Zitate Lexikon. Lebenserfahrungen eines Arztes. Quellennachweise. München: iudicum 2010, S. 509.

RAHMEYER, Ruth: Ottilie von Goethe. Eine Biographie. Frankfurt, Leipzig: Insel 2002. (= insel taschenbuch. 2875.)

Rezeptionsästhetik. Theorie und Praxis. Hrsg. von Rainer Warning. München: Fink 1975. (= UTB. 303.)

SAUDER, Gerhard: Festspiele. Pandora. In: Goethe Handbuch. *Dramen*. Bd. 2. Hrsg. von Theo Buck. Stuttgart, Weimar: Metzler 2004. (= Goethe Handbuch. Hrsg. von Bernd Witte [u. a.]. 2.) S. 335-337.

SCHILLER, Charlotte von: Brief an ihren Sohn Ernst vom 10. Oktober 1823. In: Goethe in vertraulichen Briefen seiner Zeitgenossen. Bd. 3. 1817-1832. Hrsg. von Wilhelm Bode. Berlin, Weimar: Aufbau 1999. (= Aufbau Taschenbuch. 6049.) S. 159f.

SCHILLER, Charlotte von: Brief an ihren Sohn Ernst vom 28. November 1823. In: Goethe in vertraulichen Briefen seiner Zeitgenossen. Bd. 3. 1817-1830. Hrsg. von Wilhelm Bode. Berlin, Weimar: Aufbau 1999. (= Aufbau Taschenbuch. 6049.) S. 174.

SCHILLER, Friedrich: Der Neffe als Onkel. Lustspiel in drei Aufzügen. Whitefish, Montana: Kessinger 2010.

SCHILLER, Friedrich: Wallensteins Tod. In: Ders.: Sämtliche Werke. 3. Aufl. Hrsg. von Gerhard Fricke, Herbert G. Göpfert und Herbert Stubenrauch. Bd. 1-5. München: Hanser 1962, Bd. 2, S. 416.

SCHMID, Irmtraut: Jena. In: Goethe Handbuch. *Personen. Sachen. Begriffe. A-K.* Bd. 4.1. Hrsg. von Hans-Dietrich Dahnke und Regine Otto. Stuttgart, Weimar: Metzler 2004. (= Goethe-Handbuch. Hrsg. von Bernd Witte [u. a.]. 4.1.) S. 564-568.

SCHMIDT, Hans: Leuchtenberg, Eugen Herzog von. In: Neue Deutsche Biographie. Bd. 14. Hrsg. von der historischen Kommission bei der Bayerischen Akademie der Wissenschaften. Berlin: Duncker, Humblot 1985, S. 369f.

SCHÖN, Erich: Iffland, August Wilhelm. In: Metzler Autoren Lexikon. Deutschsprachige Dichter und Schriftsteller vom Mittelalter bis zur Gegenwart. 3. erw. Aufl. Hrsg. von Bernd Lutz und Benedikt Jeßing. Stuttgart, Weimar: Metzler 2004, S. 358f.

SCHUSTER, Jörg: Elegie. In: Metzler Lexikon Literatur. Begriffe und Definitionen. Begründet von Günther und Irmgard Schweikle. 3., völlig neu bearb. Aufl. Hrsg. von Dieter Burdorf, Christoph Fasbender und Burkhard Moennighoff. Stuttgart, Weimar: Metzler 2007, S. 183f.

STÖHR, August Leopold: Kaiser - Karlsbad. 5. Aufl. Karlsbad: Franieck 1830.

The New Grove Dictinary of Music and Musicians™. 2. Aufl. Hrsg. von Stanley Sadie und John Tyrrell. Bd. 24. London: Macmillan 2001.

TRIPP, Edward: Pandora. In: Ders.: Reclams Lexikon der antiken Mythologie. Aus dem Amerikanischen übersetzt von Rainer Rauthe. 7. Aufl. Stuttgart: Reclam 2001, S. 405.

TRIPP, Edward: Reclams Lexikon der antiken Mythologie. Aus dem Amerikanischen übersetzt von Rainer Rauthe. 7. Aufl. Stuttgart: Reclam 2001.

VÖLKER, Werner: Der Sohn. August von Goethe. 1. Aufl. Frankfurt, Leipzig: Insel 1992.

WACHS, Friedhelm: Karlsbad. In: Humbert Fink; Ders.: Die böhmischen Bäder. Karlsbad. Marienbad. Franzensbad. München: Bucher 1992. (= Bucher's Reisebegleiter. 74.) S. 53-58.

WAGENBRETH, Otfried: Neptunismus/Vulkanismus. In: Goethe Handbuch. *Personen. Sachen. Begriffe. L-Z.* Bd. 4.2. Hrsg. von Hans-Dietrich Dahnke und Regine Otto. Stuttgart: Metzler 2004. (= Goethe Handbuch. Hrsg. von Bernd Witte [u. a.]. 4.2.) S. 801.

WESSELHÖFT, Betty: Brief an Zelter vom 27. Februar 1823. In: Goethe in vertraulichen Briefen seiner Zeitgenossen. Bd. 3. 1817-1832. Hrsg. von Wilhelm Bode. Berlin, Weimar: Aufbau 1999. (= Aufbau Taschenbuch. 6049.) S. 132f.

WÜLCKER, Ernst: Schweitzer, Christian Wilhelm. In: Allgemeine Deutsche Biographie. Bd. 33. Auf Veranlassung und mit Unterstützung Seiner Majestät des Königs von Bayern Hrsg. durch die historische Commission bei der Königlichen Akademie der Wissenschaften. Leipzig: Duncker, Humblot 1891, S. 367ff.

WURZBACH, Konstant von: Biographisches Lexikon des Kaiserthums Oesterreich. Bd. 9-18. Wien: Kaiserlich-königliche Hof- und Staatsdruckerei 1863-1868.

WURZBACH, Konstant von: Hohenzollern-Hechingen, Friedrich Franz Xaver. In: Ders.: Biographisches Lexikon des Kaiserthums Oesterreich. Bd. 9. Wien: Kaiserlich-königliche Hof- und Staatsdruckerei 1863, S. 211ff.

WURZBACH, Konstant von: Klebelsberg, Franz Graf. In: Ders.: Biographisches Lexikon des Kaiserthums Oesterreich. Bd. 12. Wien: Kaiserlich-königliche Hof- und Staatsdruckerei 1863, S. 30.

WURZBACH, Konstant von: Milder-Hauptmann, Anna. In: Ders.: Biographisches Lexikon des Kaiserthums Oesterreich. Bd. 18. Wien: Kaiserlich-königliche Hof- und Staatsdruckerei 1868, S. 308f.

ZEHM, Edith: Zelter, Carl Friedrich. In: Goethe Handbuch. *Personen. Sachen. Begriffe. L-Z.* Bd. 4.2. Hrsg. von Hans-Dietrich Dahnke und Regine Otto. Stuttgart: Metzler 2004. (= Goethe Handbuch. Hrsg. von Bernd Witte [u. a.]. 4.2.) S. 1213-1216.

ZELTER, Carl Friedrich: Brief an Goethe (426). In: Der Briefwechsel zwischen Goethe und Zelter. Bd. 2. Hrsg. von Max Hecker. Leipzig: Insel 1915, S. 258.

ZSCHIESCHE, Arnd; Oliver Errichiello: Erfolgsgeheimnis Ost. Survival-Strategien der besten Marken – und was Manager daraus lernen können. Wiesbaden: Gabler 2009.

10.2.4 Rezensionen:

BARTELS, Gerrit: Lächerlich ist besser. Das Alter, die Angst vor dem Alter, die Altersweisheit und das störrische Sichsträuben gegen die Altersweisheit, die Liebe, der Sex, die Ehe, das Geld und noch vieles, vieles mehr: Martin Walsers ausschweifender, irrlichtender neuer Roman ‚Angstblüte'. In: die tageszeitung (Berlin) vom 22.07.2006, S. 21.

DATTENBERGER, Simone: Schlingpflanzen der feinen Gesellschaft. ‚Angstblüte': Martin Walsers neuer Roman. In: Münchner Merkur vom 20.07.2006, S. 5.

DIRKSEN, Jens: Der neue Walser ist der alte. In: Neue Ruhr Zeitung/Neue Rhein Zeitung (Essen) vom 20.07.2004, S. 4.

DIRKSEN, Jens: Im Angstblütenmeer. Gedankenreich, zeitlupengenau, ein wenig verschwätzt: Der neue Roman von Martin Walser. In: Neue Rhein Zeitung/Neue Ruhr Zeitung (Essen) vom 21.06.2006, S. 4.

FRANZETTI, Dante Andrea: ‚Ach, Exzellenz' – ‚Ach, Ulrike'. In ‚Der Standard' (Wien) vom 01.03.2008, Album A 6.

GROSS, Thomas: Spiel mit dem anderen Ich. In: Rheinischer Merkur vom 22.07.2004, S. 21.

HEIDENREICH, Elke: Liebe mit Stil. In: Frankfurter Allgemeine Sonntagszeitung vom 09.03.2008, S. 34.

KAISER, Joachim: Die Leiden des alten Werthers. In: Süddeutsche Zeitung vom 29.02.2008, S. 11.

KÄMMERLINGS, Richard: Anna, laß mich rein, laß mich raus. In: Frankfurter Allgemeine Zeitung vom 24.07.2004, S. 42.

KÖHLER, Andrea: Die Verteidigung der Sinne. Martin Walsers Roman ‚Der Augenblick der Liebe'. In: Neue Zürcher Zeitung vom 24./25.07.2004, S. 45.

KÖHLER, Andrea: Letztes Jahr in Marienbad. Martin Walsers Goethe-Roman ‚Ein liebender Mann'. In: Neue Zürcher Zeitung vom 04.03.2008, S. 45.

KOSLER, Hans Christian: Erträumtes Unding. Martin Walsers neuer Roman ‚Der Augenblick der Liebe'. In: Furche (Graz) vom 29.07.2004, S. 18f.

LOVENBERG, Felicitas: Augenkraft, die nichts verbergen kann. In: Frankfurter Allgemeine Zeitung vom 23.02.2008, S. 33.

LÜDKE, Martin: Von der Kraft, die alles bewegt. Und sie küsst lieber mit der Seele: In Martin Walsers neuem Roman ‚Ein liebender Mann' sind alte Meister unter sich. In: Frankfurter Rundschau vom 01.03.2008, S. 34.

MÄRZ, Ursula: Überforderung durch Triebstau. Ein jeder Ehebruch ziehet vorüber: Martin Walsers neuer Roman ‚Der Augenblick der Liebe' ist eine Wiedersehensparty mit bekannten Namen, Figuren und Motiven. In: Frankfurter Rundschau vom 23.07.2004, S. 17.

MOHR, Peter: Simuliertes Leben auf Kredit. Zu Martin Walsers Roman ‚Angstblüte'. In: literaturkritik.de. Rezensionsforum für Literatur und Kulturwissenschaften. 8 (2006), H. 8, S. 72-74.

SCHRÖDER, Julia: ‚Immer dieses allerhöchste Geflunker'. Im Jahr 1823 in Marienbad: Martin Walsers Roman ‚Ein liebender Mann' erzählt vom alten Goethe und der jungen Ulrike von Levetzow. In: Stuttgarter Zeitung vom 27.02.2008, S. 25.

WEIDERMANN, Volker: Wie komme ich hier raus? Frankfurter Allgemeine Sonntagszeitung vom 16.07.2006, S. 22.

11. Anhang

11.1 Bild von August von Goethes Grab

Aus dem Privatbesitz, Protestantischer Friedhof Rom, Juli 2009

11.2 Bilder vom Gasthof zum Goldenen Hirsch in Hof

11.2.1 Vor 1900

11.2.2 Aktuell

11.2.3 Gedenktafel

Bilder erhalten als Geschenk von Frau Edith Tschoepe (Tourismusbüro Hof)

11.3 Bild der Schutzhütte auf dem Kickelhahn

Aus dem Privatbesitz, Kickelhahn - Ilmenau, August 2009